DDDD

［ドゥドゥドゥドゥ］

「行動」だけが奇跡を起こす

杉山大輔

ニューヨーク育ちの
日本人TEDスピーカーが
教える、世界一
シンプルな成功法則

自由国民社

プロローグ

杉山大輔です。

みなさん、行動していますか？

僕はみなさんを

「行動体質」

にする目的で、この本を書きました。

行動について思うこと、その1。「行動と決断を分けて考える」

4羽のカラスが屋根の上で一列になって待機していました。

右端に止まっていた1羽が「俺はこの屋根から飛び降りて違う世界へ行く！」と目を輝かせました。さて、1時間後、屋根の上には何羽のカラスがいるでしょう？

答えは4羽。

右端のカラスは「決断」はしたけれど、「行動」はしなかったからです。

何か決断をすると、すでに達成したような気持ちになることがあります。決断しただけなのに、すでに行動したかのように話される方もいます。

しかし、実際には、「決断」と「行動」にはかなり差があります。

「会社を興そう！」と決断するのと、実際に「会社を興す」ことの間には大きな隔たりがあります。

「明日からは、毎朝6時に起きよう」と決めても、翌朝6時に起きないのであれば、決断した意味がありません。

当たり前ですが、

行動しなければ何も起こらないのです。

大事なのは決心した後に、いかに行動ができるかなんです。

好きな人がいたら「好きだ」って言わない限りは伝わりません。

決断と行動は分けて考える必要があります。

行動について思うこと、その2。「PDCAの進化版。これからはDDDD《ドゥドゥドゥドゥ》！」

「PDCA」というフレームワークがあります。

フレームワークとは簡単にいえば、何かをするときの「ひな型」のことです。

PDCAは、作業を効率化するときのひな型として有名で、「作業を効率化するにはPDCAサイクルを回すといい」と長い間、言われてきました。Plan Do Check Action のことで、「Plan（計画）」を立てて、「Do（実行）」をして、「Check（評価）」し、「Action（改善）」することを指します。

このサイクルを繰り返すことで業務が効率化する、と考えられてきました。

僕は以前からなぜDoとActionが2つあるのかずっと疑問でした。厳密に訳せば、前者は「行動」で、後者は、目的をもって行う「行為」を指します。しかし、一般的には、どちらも主な意味は「行動」です。だから、違和感があったのです。

「同じことをすると同じ結果」「違うことをすると違う結果」だと僕は思っています。

ずっと同じサイクルで回し続けても、目を見張るような新しい結果は出てきません。

また、ＰＤＣＡを**Plan Delay Cancel Apologize**。つまり、**「じっくりと計画を立ててやると遅くなり、その結果、中止となり、謝りにいくことになる」**と揶揄する人もいます。

僕自身もＰＤＣＡより、むしろ**DDDD**《ドゥドゥドゥドゥ》が有効だと思っています。

じっくり考えるのではなくて、考えながらもう行動する。

評価やチェックに時間をかけるのではなくて、検証しながら行動する。

検証した上で改善するのではなくて、微調整しながら行動する。

あるいは、行動が違うと思ったらすぐにほかの行動をとる。

スピード感を持って、次々と行動（＝Ｄｏ）することこそが大切なのです。


僕は大学１年のときに起業して、ずっとビジネスをしてきて、人生で一番大事なのはＤＤＤＤだとわかりました。

人はＤｏすることで考えます。

Ｄｏすることで、「困ったな」と思って、「どうしよう」と考え、次のＤｏをする。

ＤＤＤＤの繰り返しなんです。

人生でいちばん大切なのは、できるだけＤｏを増やすことだと言っても過言ではありません。


奇跡を起こすのもＤｏがあるからです。

花が咲くのは、種を撒くというＤｏをするからです。

Ｄｏするから、夢が叶う。

Ｄｏするから、運が開ける。


どんな業界でも失敗する人は、Ｄｏをしない人。つまり、行動を起こさない人です。

どんな業界でも成功している人は、Ｄｏをしています。

「できる」と言う人、「できない」と言う人、たいていどちらの決断も正しい。

でも成功する人は、できるならすぐにやる。できないなら他の方法を考えて行動に移す。

そしてどのような決断をしても、失敗する人は、いつまでもやらない。

やる人は、すぐに行動を起こすのです。

そう、「すぐ」です。


すべての職業に成功していない人の共通点は、「すぐやらない」ことです。

Procrastination という英語があります。

ぐずぐずすること、引き伸ばすこと、延期を意味します。

成功している人の辞書には、おそらくない言葉です。

ぐずぐずしたり、明日に伸ばすのではなく、DDDDをしましょう。

そうだ、ここで少し断っておきます。

僕は幼少期から高校入学までニューヨークで過ごしたので、日本語よりも英語で説明したほうがしっくりくることがあります。だから、この本にもしばしば英単語が出てきます。ていねいに説明を入れていきますから、英語が苦手な人も安心して読んでもらえると思います。

さて、本題に戻ります。

すべての職業で成功している人の特徴は、「決断」と「行動」と「DDDD」です。

20世紀前半に活躍したアメリカの実業家C・M・ブリストルは、その古典的名著『信念の魔術』（ダイヤモンド社）で次のように書いています。

「いわゆる物質的な世の中では、だいたいにおいて行動力のある人が世間を支配するのです。偉大なダイナモのような精気を持ち、他人にも精気を与えるような人が世を支配するのです」

ちなみにダイナモとは発電機のことです。

僕は、慶應ビジネススクール時代にこの考え方と出会い、人生において「行動する」決心をしました。

そして、**Ｄ《ドウ》Ｄ《ドウ》Ｄ《ドウ》Ｄ《ドウ》**っと行動し続けています。

僕は、ＤＤＤＤしている人、行動する人を、**「Ｄｏ君」**と名付けました。

本書では、キャラクターのＤｏ君がみんなを励まします。

さあ、みなさんも、Ｄｏ君になって一緒に**「STOP DREAMING and START DOING」**。決断と行動をして奇跡を起こしましょう。

杉山大輔

DDD辞典

本書では、行動すること（＝Ｄｏ）に関する言葉がいろいろ出てきます。みんなが混乱しないように、簡単に説明しておきます。

DDD

僕が作った造語。「ドゥドゥドゥドゥ」と読む。「DoDoDoDo」の略。意味は、行動して、行動して、行動して、行動する。現代を生き抜くためにもっとも大事なこと。じっくり考えるより、どんどん行動して修正していくことで、早くブラッシュアップできる。僕が大事にしている言葉。

Doer

「ドゥアー」と読む。英語辞典にも出ている言葉。do＋erで、実行者、行動する人という意味。英語辞典に出ている言葉の中で、僕が一番好きな言葉。

Don'ter

「ドンター」と読む。これも英語辞典に出ている。don't＋erで、やらない人。

Do君

「ドゥくん」と読む。本書のイメージキャラクター。生粋のDoer。年齢不詳。日本生まれ・ニューヨーク育ちの男の子。めっちゃ前向きで、常に行動している。座右の銘は、「やってみなきゃ、分からねーだろ」。好きな食べ物はdonut。

目次

D 第3章　自分らしく動く　126

D 第4章 「死」から逃れられる人はいない 196

第1章

とりあえず、
でいい。
動こうよ！

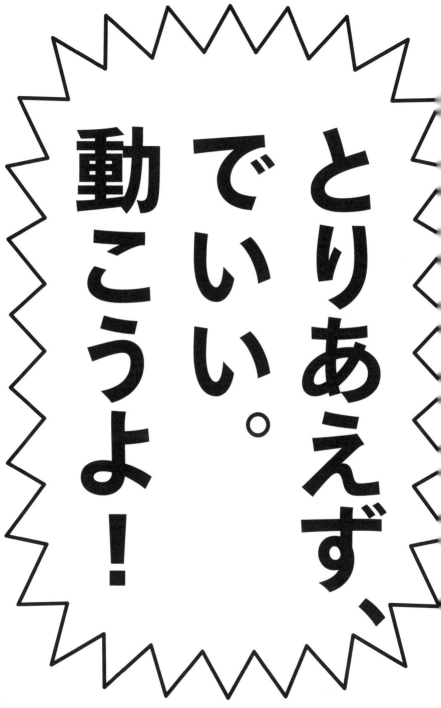

Give it a shot!

僕のすごく好きな言葉です。

日本語で**「とりあえず挑戦してみよう」**という意味です。

皆さん、どれぐらいチャレンジしているでしょうか。

この章では、

「どうやったら行動できるのか」

についてシェアします。

悩むなら、飽きるまで
悩み続けろ。
道は必ず開けてくる。

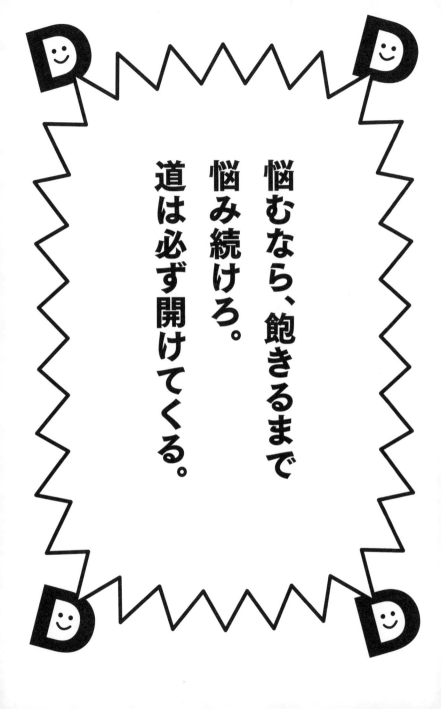

僕は「行動する」をテーマに、毎日明るく元気よく活動してきました（笑）。

「一緒にやらない？」と誘われれば、たいていのことは「ＯＫ！　やるよ！」と返事をして挑戦する。「やりたいな」と思ったことは、もちろん、すぐに行動に移す。

即、行動です。

ただ、ずっとそうだったわけではなく、**悩みに悩み、その一歩を進められなかった時期もありました。**上の右の写真がその頃の僕。２００７年、27歳のときの写真です（ちなみに左は２０１８年の僕です）。

新しい会社を立ち上げて、子どもはすでに2人いて、「やべえな、どうしよう」と思っていた。もう、いろんなことに悩みました。

僕は、何をすればいいんだろう。
もし、今思っていることを実行に移したら、他の人はどう思うかな。
僕には、いったい何ができるんだろう……。

答えの出ないことを、ぐるぐるぐるぐる考えていました。出口が見えなくて、真っ白い霧の中を、歩き回っている感じ。まさに、五里霧中ってやつです。
ずっと悩んでいると、どうなるか。悩むことに飽きてきます。「あ、また今日も悩むのか。飽きたぜ」と。そんな日々が続いたある日、頭の中にある考えが降ってきました。

とりあえず、やってみるか。

このまま考え続けていても答えはでないし、つまらない。とりあえず、行動してみよう、できることを探してやってみよう、と思ったのです。僕の頭の中の霧は、さっと晴れていきました。

このときの僕の学びは、「これ以上悩んでも仕方ない」という状態になると、悩むこと以外の何かを探し始める、ということ。そして、悩み続けた結果、

悩んでいるより動いちゃった方が早い

と気づけたのです。

だから、今、何か行動できない人は、どんどん悩んじゃってください。

そのうちに、「行動しなきゃ」って思えますから。

悩んでいる人へのおまじないです。

動け！　動け！　動け！　動け！　DDDD！

人生はワンショット。

One life

いろんな人がいるけれど、だいたい3通りの人に分かれるそうです。

1. 現状に気づいていない人。

2. 現状に気づいて状況を変えたいと思っている人（でも行動しない）。

3. 現状に気づいて状況を変えたいと思って行動して人生を変える人。

1.は気づいていないからすごく心配。
2.は歩留まり状態。
やっぱり3だね。

みんなには3になってほしいと思います。

ボートを燃やせ!

burn one's boats

また英語です（笑）。これは、いつも僕の頭の片隅にある言葉。日本語で「ボートを燃やせ」「退路を断て」という意味です。敵の国に上陸したら、自分が乗ってきたボートを燃やして、退路を断つ。

帰る手段がなくなることを意味します。相手と戦って勝つか、あるいは、負けて命をなくすか、捕らえられるか。つまり、「引き返す」選択肢をなくす、ということです。

なかなか行動できない理由の1つに、リスクを考えすぎて決断までの時間がかかってしまうことが挙げられます。その気持ち、よくわかります。僕も以前はそうだったから。

でも、今はどんどん決断して行動しています。それができるのは、あと戻りすることを考えていないから。それを考えるよりも、先に行動したほうがいいと思っています。

なぜなら、**すぐに行動しないリスク**が存在するからです。

たとえば、営業の仕事をしているとします。Aという会社に営業に行こうかどうか迷っている。「前に一度電話したときに、担当者に『忙しいのに電話をかけてくるな』と切られた。また切られたらいやだな。電話せずに、行こうかな。どうしよう」

その間に、同業他社のほかの人が営業に行って契約を交わしてしまった。

もう、あとの祭りです。

とりあえず、「前は忙しかったけれど、今度は、手が空いているかもしれない」と前向きに考えて担当者にもう一度電話を入れていたら、話は違ってきたかもしれません。

軍人は、決断から行動までの時間が早いと聞きます。決断に時間をかけて、行動しないままでいたら、先に攻められて命を失う可能性が高いからです。

行動しないリスクが大きいとわかっているから、パッと決断してすぐに行動する。

僕も何か行動するときは、逃げ道を細かく検証したり、リスクを考えるよりも、**まずボートを燃やしている**タイプです（笑）。

何かをするときには、あまりに深く考えすぎず、
むしろ、行動してしまって、走りながら考えたほうが、
物事はうまくいきます。

これは、40年生きてきた僕の経験則です。

とにかく、最初の1歩を踏みだそう。

今やらないのに、来月は始められると思う？
今日やらないことは明日やらない。
だから、今、始めよう！

一人ひとりと
誠心誠意向き合えば、
相手も誠心誠意
向き合ってくれる。

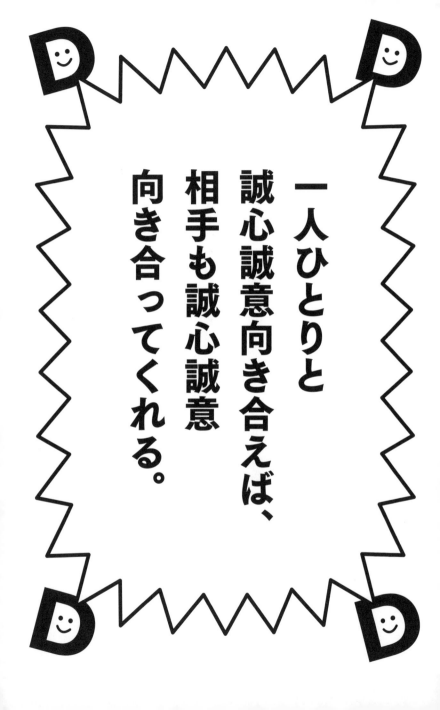

僕は、19歳のときに教育コンサルティング会社、いわゆる塾を始めました。

ＡＯ入試や英語の教育をやっていましたが、僕の会社の塾生たちはバンバン受かっていきました。何か特別なことをやっていたわけじゃありません。

ただ、僕には信条があって、塾でも、その信条を守りました。

それは、一生懸命やる、ってこと。

トム・クルーズ主演の『ザ・エージェント』というアメリカ映画があります。

原題は『Jerry Maguire（ジェリー・マグワイア）』。スポーツエージェントの主人公、ジェリー・マグワイアの物語。スポーツエージェントは、プロのスポーツ選手に代わってチームと契約する仕事です。

簡単にストーリーを紹介します。

マグワイアは、大手のスポーツエージェントの会社に勤めていましたが、利益追求が最優先の会社の方針で、１人で大勢の選手たちを抱えなければなりませんでした。

そのため、一人ひとりの選手とじっくり向き合う時間がない。マグワイアは、会社に対して一人の社員が抱える選手を減らすことを提案します。

けれど、会社では受け入れられず、クビに。

その後、独立して一人ひとりと向き合い、成功を手にしていく、という話です。

この映画を観て学んだのは、

仕事は「クライアント一人ひとりときちんと向き合って、一生懸命にやらなければならない。ちゃんと向き合えば、成功できる」こと。

僕は、この学びを塾で実践しました。難しいことではありません。

一人ひとりに対して親身に向き合って一生懸命指導する。

名前をフルネームで覚える。

誕生日を知る。

特性をつかむ。
一人ひとりに合った育て方をする。

それだけのことですが、おもしろいくらい、どんどん受かっていきました。

人は、それぞれ**「同じ性質のものを引き寄せる磁石」**だと思います。
自分が一生懸命ちゃんとやっていれば、一生懸命ちゃんとやっている人がついてくる。
自分が暗くしていると、暗い人がついてくる。
自分が元気だと、元気な人がついてくる。

全部自分次第なんです。

壁が立ちはだかったら、
怖がるんじゃなくて、一歩進んで、
壁に耳をつけてごらん。
壁は、君に「変われ！」って
言っているんだ。

チャレンジしていますか？
失敗していますか？
壁にぶち当たっていますか？

講演に来てくれた大学生と話をすると、よく「壁にぶつかっていて」と言います。
僕は答えます。「特別なことじゃないよ。人生の壁、だれでもぶつかるよ」と。

考えてみてほしいのは、

なぜ壁が君の前に現れるのか

ということ。

それは、君が高い所に行きたいと思っている証拠です。

就職活動が上手くいかない。何度面接を受けても落ちる。

資格試験に通らない。苦手な科目がどうしても点を取れない。

恋人にふられた。悲しみを乗り越えられない。

そういう壁は、避けようと思えば、いくらでも避けられます。

大量採用している会社や、誰もが受かる会社を選べば、就職の壁はぐっと低くなる。資格試験を受けるのを諦めてしまえば、壁は瞬間でなくなる。もう恋をしないと決めてしまえば、恋人との別れを経験することはなくなります。簡単です。


けれど、挑戦をやめたり、諦めてばかりでは、いつまでも高みには行けません。

壁をいやなものだと思わずに、壁が君にこう言っている、と考えてみましょう。

変われ！

次のステップに行きたいなら、変わらないと無理。

今の君ならきっとできる。もっとできる。絶対できる。

今が変わるチャンスなんだよ。乗り越えてみろよ。

就職をするにしても、スキルを身に付けるにしても、勉強をするにしても、新しいパートナーシップを作るにしても、壁を避けていては、現状は変わりません。

壁にぶつかったら成長できるチャンスと考えてみてください。

現実に甘んじている人と、

そこまでやるかというほど日々やっている人と、

どちらの人に魅力を感じますか？　どちらの人に仕事を頼みたいですか？

僕は断然、後者だな。

みんなはどちらの人になりたいですか？

たたかって、負けて、
それでも立ち上がって
また、たたかう。
だから、強くなれるんだ。

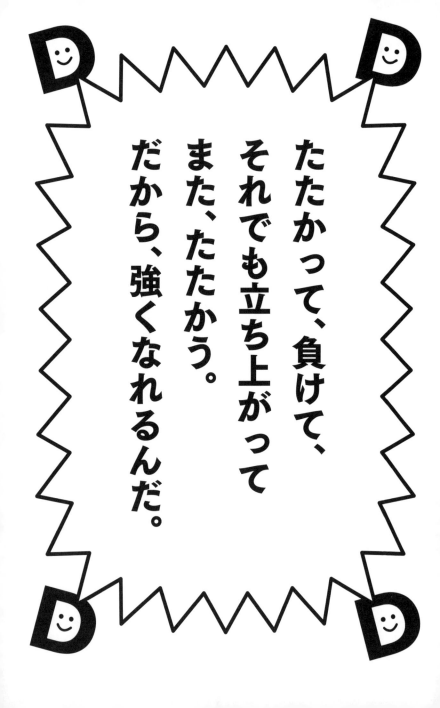

僕には4人の子どもがいて、ときどき一緒にゲームをやります。

「なるほどな」って気づいたのは、単純なことだけど、どんなロールプレイングゲームでも最初はレベル「1」から始まるということ。

最初の武器は素手で、防具は質素な服、移動は徒歩で、頭の中には何の知識もない。その後、冒険の旅に出て、いろんな敵とたたかって、負けて、それでも立ち上がって、もう一度たたかう。その経験を繰り返しながら、次々と新しい武器や防具を手に入れて、情報を集めて、一定の条件をクリアしたら、ようやく次のステージに行ける。

だんだんと強くなり、だんだんと速い乗り物に乗れるようになっていきます。

一つひとつ経験していくから、実力がついて、成長していける。

僕はロールプレイングゲームにおける、**「レベル1からスタートする」という感覚が、現実世界の成長に欠かせない**と考えています。具体的にいうと、

いつも謙虚でいる、

知ったかぶりをしない、

知らなければ、**実際に経験（DDD）してみる**、

ということ。この3つを大事にしていると着実に前に進めます。

五感で感じるって、
すごい大事なんだよ。

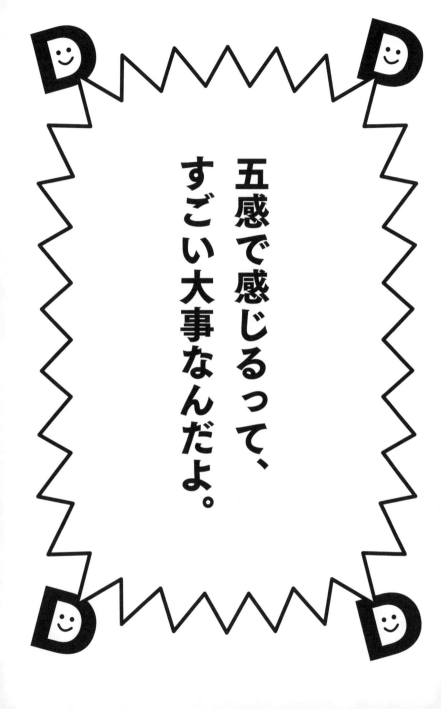

インターネットが登場し、今、世の中は情報を集めるのが容易になりましたし、よりリアルに近い情報が手に入るようになりました。

僕は Google maps を使って、自分が育ったニューヨークの家を見つけたとき、実際にそこに行ったわけでもないけれど、妙に懐かしさを覚えました。

「実際の体験」はしていないけれど、体験した気になりました。

これって、すごいことだと思います。

「検索という武器を与えてくれて、ありがとうございます！」って御礼が言いたいくらい、Google にはお世話になっています、

僕だけじゃなくて、多くの人がそうだと思います。

一方で、インターネットの弊害もあります。

五感を育む体験はできないし、タダで手に入る情報は、逆にいえば、誰もが知っていることばかりだから、突き抜けることはできません。

それにも関わらず、ネットで得た情報を見て、行った気になったり、すべてを知った気

になったりしてしまいます。

要は、**ネットに頼りすぎると、頭でっかちになってしまう**っていうことです。

前に、「大輔さん、僕、ポールマッカートニーのコンサート見たんだけど、すごかったですよ！」と教えてくれた学生がいました。

「え、東京ドームに行ったの？　熱気がすごかったでしょう」って聞いたら、「いや、DVDで観ました」という。

ほかの学生は、

「大輔さん、ハワイって渋谷みたいに日本人が多いですよね」と言ってきた。

「そうだよね。ハワイの兄弟《ヒョンジュ》焼肉《レストラン》（Joe Hyung Restaurant）なんか、最高にうまいよね！」

「なに、それ？　ハワイは、行ったことないんですよ」

僕、なんだか拍子抜けしてしまいました。

ネットは便利です。うまく生活に取り入れればいい。

だけど、**頭に知識を入れるだけでなく、体でも行動をして冒険をすることで、人生は深まっていくし、成長の幅も大きくなります。**

どうしてかというと、記憶には、頭で覚えるものと、体で覚えるものの2種類があって、体で覚えた記憶は、頭で覚えた記憶とは違う場所に保存され、**いつまでも私たちの脳に刻み込まれる**からです。

レベル5の知識を持っているからといって、体験をしていなければ、防具も武器も強くならない。

みんなにはいつもレベル1から、積み上げていく行動をしてもらいたいと思っています。

何も決めないで卒業して
就職するって、あり？
とりあえず、でいいんだよ。
就職してから考えても遅くない。

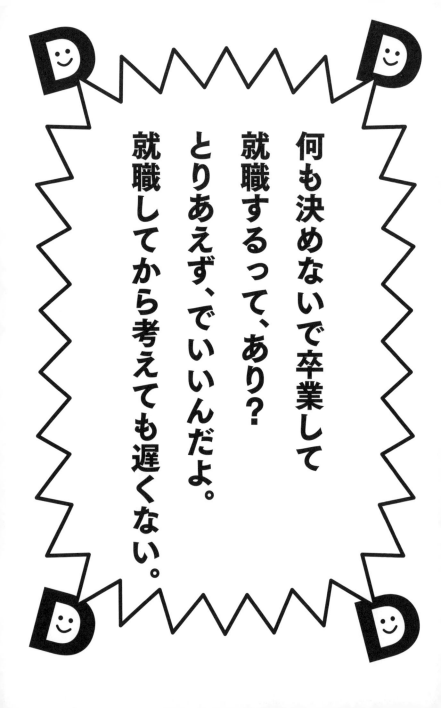

みんなは、将来、どんな人生を歩もうと考えていますか。

とりあえず大学を出て、とりあえず就職して、とりあえず結婚して、とりあえず子どもをつくり、とりあえず同じ会社で頑張る。学生と話をすると、そんな風に「とりあえず」と考えている人がとても多い。

そういう人生も悪くないかもしれません。

「とりあえず、行動する」ことが大切ですから。ただ、行動したあとは、考えてみてほしい。もし、うまくいってなかったのなら、軌道修正したり、作戦を変える。

そうやって人生を構築してほしい。

僕はといえば、大学時代は、ビジョンを作り、ビジョンに沿ったスキルを身に付けて、自分の地図を描き、人生を開拓してきたタイプです。

地図通りにうまくいかないこともありましたが、自分の人生がとても楽しい。

だから、ほかの人にも、自分のビジョン、自分の地図を作って、人生を謳歌することを勧める。だけど、**ビジョンを考え過ぎて、答えがでないなら、とりあえずで、問題なし。**「人は人、自分は自分」の考え方で人生を決めて進んでほしい。

「今度」は、
ゼッタイない。

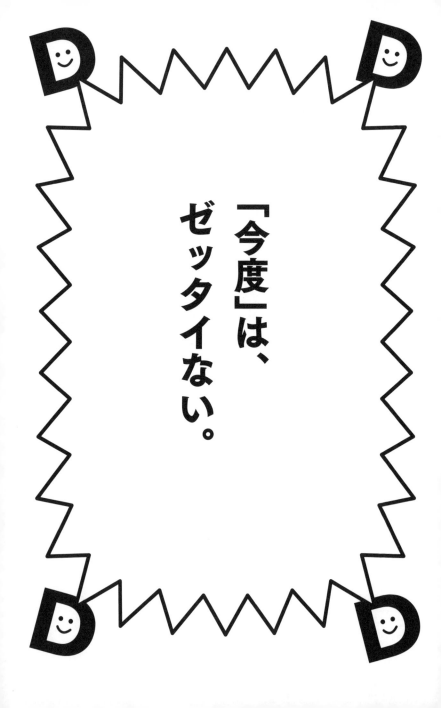

「今度、会いましょう」「今度、飲みに行きましょう」。

社交辞令なのか、日本人は「今度」と言うのが癖になっている気がします。子ども時代を、社交辞令を使わない国アメリカで過ごした僕には、とても違和感があります。

Say it if you mean it.

意味は、**「本当に行動するなら言おう」**。

言葉には魂が宿っています。言葉に出した以上はそのとおりに行動する。あるいは、そのとおりに行動するなら言葉に出すことが大切です。

言葉に出したことは、イメージしたことであり、イメージできたことは現実化します。思ってもいないことを口に出したら、それが現実化してしまう。

それだけ言葉は大切。きちんと使っていくことで言葉には力がこもります。

思ってもいないのに言葉にしていると、言行不一致になり言葉が威力を失います。信用も失います。

すると、いくら言葉にしても行動ができなくなっていくのです。

人生は区切って考え、区切りごとに
目標を設定して行動しよう。
行動したことは、
必ず次に生きてくる。必ず、だよ。

登山家の三浦雄一郎さんにお会いしたときにこんな話をしてくれました。

「30代にやったことが、次の40代に生きてくる。

そして、40代でやったことが50代と順繰りになっているんです。

そうやって年を重ねていくと、だんだんとあらゆるものに対するエネルギーが湧いてきます」

多少の無理やキツイことでも、未来の自分に期待して、今一生懸命がんばる、それが元気に生きるコツです。

三浦さんは10年ごとに区切りをつけていらっしゃいましたが、僕自身は、長男と24歳違いで同じ干支のせいか、12年周期でものを考えています。

第1ステージ　0歳～12歳　人間になるステージ
第2ステージ　13歳～24歳　勉強をしっかりする時期
第3ステージ　25歳～36歳　仕事のスタート
第4ステージ　37歳～48歳　仕事をさらにパワーアップ
第5ステージ　49歳～60歳　…
第6ステージ　61歳～72歳　…
第7ステージ　73歳～84歳　…
第8ステージ　85歳～96歳　…
第9ステージ　97歳～108歳　…

目標は自分なりに区切りを作って設定することで到達できると思います。
みなさんも、自分なりに区切りを作り、目標を設定してみてください。
目標を考えるとき、「できる」「できない」の選択肢に付け加えてほしいのが、
「できるかも」という可能性を信じることです。

そうすれば、

impossibe（できない）

が

I'm possible（私にはできる）

に変わるかもしれませんよ！

第2章

成功者に共通する「6つの力」

「元気力」「行動力」
「軌道修正力」
「学習能力」
「習慣力」「変化力」

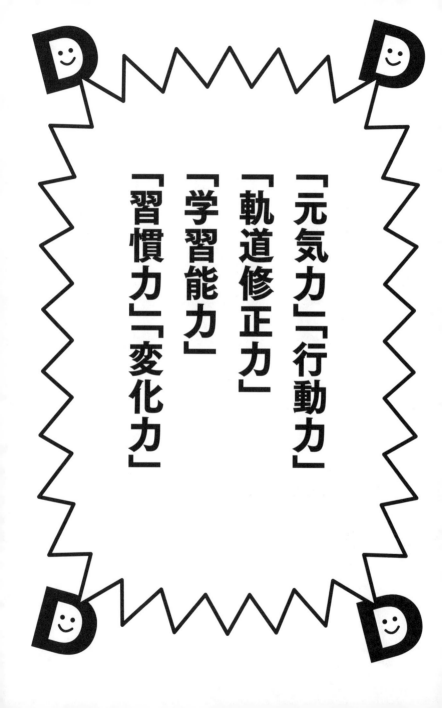

DDDDは行動することですが、なかでも大事なのは、

「人に会う」

という行動です。

人が成長するのは、すべて人との出会いと言っても過言ではありません。

僕もこれまでの人生で多くの人に出会い、成長させていただきました。

なかでも、僕が編集長を務める**『私の哲学』**というWEBメディアでは、多くの成功者の方々とお話しさせていただき、彼らの中に、**成功者に共通する「6つの力」**があることもわかりました。

第2章では、『私の哲学』についてと、そこで学んだ6つの力、すなわち、「元気力」「行動力」「軌道修正力」「学習能力」「習慣力」「変化力」についてお話しします。

日本で1番高い山は富士山。
じゃあ、「2番目に高い山」は
どこだか知っているかい？

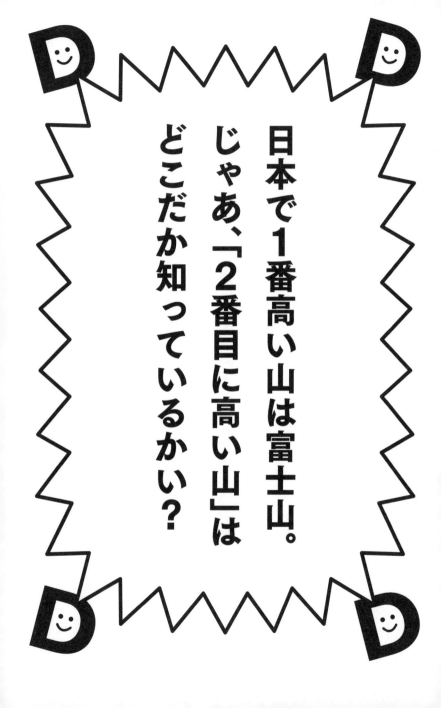

ニューヨークに住んでいた中学2年生のとき、塾の先生に呼び出されました。

「今度、元読売ジャイアンツの**王貞治さん**が来る。

杉山くんは物怖じしないから、インタビューをしてみないか」

答えはもちろん、「イエス！」でした。

正直にいうと、アメリカにいた頃、王さんのことはよく知りませんでした。

当時はインターネットも発達しておらず、あまり日本の情報が入って来なかったからです。

でも、僕はメジャーリーグが大好きで野球そのものには興味がありました。

「日本のプロの野球選手にインタビューできるなんて、めったにないチャンス！」

そう思って、やらせていただくことにしました。

「こういうことを聞いてほしい」という、あらかたの質問はすでに決まっており、リスト

アップされていました。

「それ以外に聞きたいことがあれば、何でも質問していいよ」と言われました。

僕は、こんなことを聞きました。

「王さんは、女性にモテましたか?」

14歳の少年だった僕にとって、「モテるか、モテないか」は、人生の一大関心事でした。

だから、躊躇せずに聞いてしまったんです。

この質問をしたら、場がとても明るくなったのを覚えています。

王さんは「えーっと、そうだな」と少し考えてから、

「ホームランをたくさん打つようになってから、モテるようになったかな。
やはり、女性は強い男が好きなのかもしれない。
それ以前は目がぎょろっとして怖そうに見えたのか、あまり女性にモテなかったよ」

と答えてくれました。
そうか、強い男の人がモテるのか。
僕にとって大きな学びでした。

D オンリーワンもいいけど、勝負の世界なら、やっぱりナンバーワンを目指そうよ

このとき、さらに大きな学びがありました。

インタビューが終了した後のことです。王さんが僕に聞いてきました。

「日本で1番高い山はどこだか知っているかい？」

「富士山です」私は得意げに答えました。

すると、また質問をしてきました。

「じゃあ、**2番目に高い山**は知っているかい？」

「……」今度は答えられませんでした。

王さんは、2番目に高い山の名を教えてくれて、こう続けました。

「1番と2番の間にはそれほど差がある、1番は多くの人に知られているけれど、**2番になると、3番や4番と変わらず、人々に認知されない**んだよ。何ごとも1番を目指すことが大切だよ」

そして、「努力」と書いた色紙をプレゼントしてくれました。

1時間ほどのインタビューでしたが、王貞治という偉大な人物との出会いは、中学生だった僕に大きな影響を与えました。

残りの中学校生活では、もちろん、何ごとも1番を目指して努力しました。

そして、常に1番を目指す努力と挑戦は、大人になった今も続いています。

最近は、よく「ナンバー1よりオンリー1がいい」という人もいます。そういうベクトルもいいと思います。ただ、勝負の世界は勝ちか負けしかない。勝ち負けの世界なら、やはり、勝つ努力をするべきだし、1番を目指してほしいと思います。

行動したら、「証」を残すこと。
未来に、きっと
役立つ日が来るから。

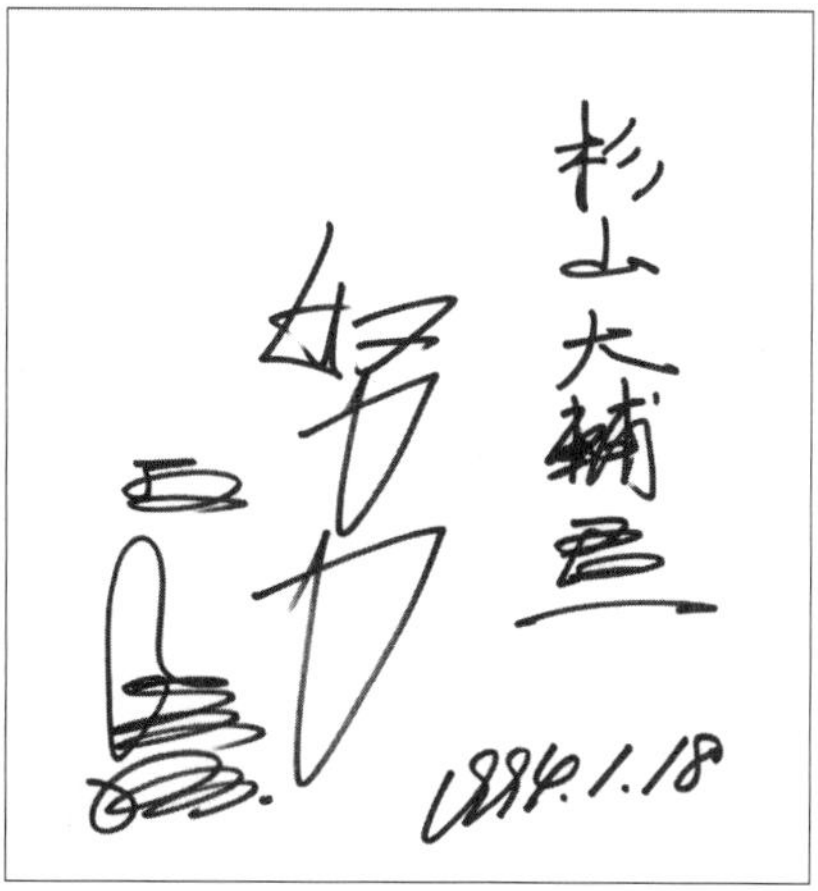

これ、王さんが書いてくれた色紙です。

今、２０１９年だから25年前のサイン。

いろんな人に驚かれるんだけれど、きれいにとってあります。

こういう記録は、ちゃんとマメにとっておくほうです。

皆さんにいいたいのは、**行動した記録はちゃんと取っておいたほうがいいよ**、っていうこと。

人に話すときに証拠になりますし、説得力が違います。

「王貞治さんにインタビューしました」と言っても、信じてくれないかもしれないけれど、インタビュー記事や写真を見せたらリアルだから、「本当だ」「すげえ」ってすぐに信じてもらえます。

誰かに見せないまでも、自分の行動の「証」になる。

行動の証は、ときに自分を勇気づけてくれます。

振り返ったときに、**「あっ、俺、これやったんだよな。俺って、案外しっかり頑張っているじゃん」**って。

今は、スマホがあって、すぐに記録できるのですから、写真を撮らない手はない。

あとあと、生かせる日が必ずきます。

写真って、詐欺師を見分けるときにも、かなり役に立ちます。

僕、学生時代にビデオ屋で働いていたことがあります。その店にくるお客さんに、なぜか、ケイン・コスギという俳優に間違えられていました。ケインは、ハリウッド俳優のショー・コスギさんの長男です。当時、よく『筋肉番付』というテレビ番組に出ていて人気がありました。

お客さんは、僕をそのケインだと思っていたものだから、同僚の店員もおもしろがって、

「おい、ケイン」と僕を呼ぶ。僕は、ついその気になって、ケインの真似をよくしていました。そうしたら、お客さんは本当に信じちゃって「一緒に写真撮ろう」って言われたんです。

僕は、本人ではないので、断りました。

なぜなら、そのお客さんの友達が写真を見たら、絶対に、「これはケインじゃない」って気づくはず。

そのときに思ったんです。

本物は一緒に写真撮ってくれるけど、偽者は撮られたらバレるからまずい。

だから、だまされるかもと思ったら、「一緒に写真撮ろう!」と言ってみるといい。

後ろめたい人は、写真に写るのを絶対にこばむから。

小学生や中学生のときに
抱いた夢は、
実現すると信じて
行動すれば叶う。

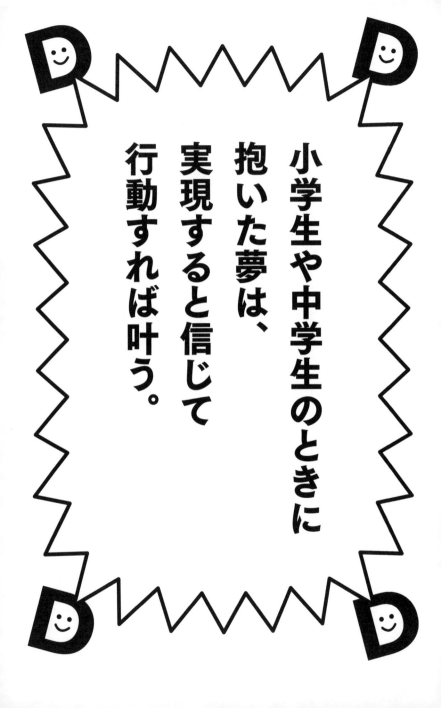

少し話がそれましたが、本題に戻ります。

多くの人は、小学生や中学生のときに行動したこと、体験したことに、その後の人生、大きな影響を受けます。

僕も王さんを取材したことで、すごく人生が変わりました。

王さんのインタビューがきっかけで、

「人に話を聞くのって、すげえ面白い」

ってことを知り、

「大人になったら、いろんな人をインタビューしまくろう」

という夢が生まれました。

インタビュー・対談シリーズ『私の哲学』／インターリテラシー
http://www.interliteracy.com/philosophy/

13年後の2007年、その夢は叶いました。

自分が編集長兼インタビュアーになり、各界で活躍している方に、大切にしている信条をうかがって記事にするインタビューシリーズ**『私の哲学』**を始めることになったのです。

自分の会社が持っているメディアをオウンドメディアといいますが、『私の哲学』は、僕の会社のオウンドメディアです。

「各界で活躍している人」をインタビューすることに決めたのは、大人になってからです。

いろんな本を読んでいると、名だたる経営者の方々は行動をし、失敗をし、それを自分で克服している。

ならば、そういう経営者や、各界のトップの方々に実際に会って、話を聞いたら面白いんじゃないかと思ったわけです。

実際おもしろいです。

『私の哲学』を始めたことで、夢は実現しようと思えば叶うことを実感できました。

目標は周囲の人に
言えば言うほど、
叶いやすくなる。

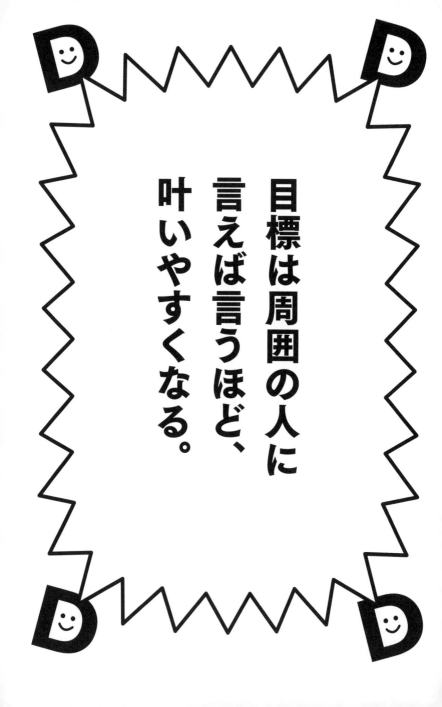

『私の哲学』へ登場してくださった方々は、今や100人に迫っています。

なぜ、そんなにたくさんの人のインタビューをしているかといえば、**ナポレオン・ヒル**の影響です。

アメリカの鉄鋼王アンドリュー・カーネギーが、雑誌記者だった若いナポレオン・ヒルに、「成功者を大勢取材して、成功の秘訣を体系化してまとめてほしい」と依頼しました。

ナポレオン・ヒルは、60秒以内に「やります」と決めて、お金ももらわずにいろんな成功者の話を聞いていったんです。

それをまとめた本がナポレオン・ヒルの**『思考は現実化する』**(きこ書房)という本です。

僕は、大学時代にこの本を読んで、「現代版ナポレオン・ヒルをやろう。10年、20年かかるかもしれないけど、続けて多くの人のインタビューができたら、成功者たちの傾向がわかって、面白いんじゃないか」と考えました。

そして、100回はやろうって、目標を立てました。

目標を立てるって、大事です。

目標を立てたことで、なんとか95回を超えて、100回がもう視野に入ってきたんです。

周囲の人には、「100回までいきますよ」って、いつも話しています。

目標とか、やろうと思ったことは、周囲の人に言えば言うほど、叶いやすくなります。

「周りに言っちゃったんだから、達成しないとみっともない。よし、頑張ろう」って気持ちになるし、もっとすごいのは、応援してくれる人が出てきてくれるってこと。

「もうすぐ100人なんだね。応援するよ。誰か紹介しようか」って言ってくれる人が何人もいるんです。

だから、**目標はできるだけ口に出したほうがいい**と思っています。

続けるって大変だけど、「継続は力なり」という言葉のとおり、いろんな力になっていいことがいろいろあります。

一つは、実績ができるってこと。

たとえば、『私の哲学』の取材依頼をするときでも、「これまで12年やって今回96回目です」とひとことというだけで、興味をもってくれます。

そして、「えっ、誰が出てるの」という動きになって、じゃあ、自分も取材受けてみようかなってなるんです。


二つ目は、スキルが高まるってこと。

僕は仕事するときは「10年思考」とか、「1万時間の法則」を大事にしています。

聞いたことがある人もいるかもしれないけれど、つまり、**同じことを10年やる、あるいは、1万時間やると、ある程度スキルが身についてその道のプロになれる**っていうことです。

「いやいや、それぞれの道によって、習得時間は違うよ」っていう反対意見もあるけれど、僕は、10年、1万時間やれば、それなりのものは身につくと思っています。

実際に、『私の哲学』は12年やってきて、いろんな出会いがあって、僕にものすごいパワーをくれました。

D 目標値を上げるとワクワク度が増す！

今、『私の哲学』は1000回を目指しています。

ダナ・キャランニューヨーク（DKNY）というブランドを立ち上げた、タキヒヨー会長の**滝富夫さん**を取材したのがきっかけです。

滝さんに「目標は100回です」って言ったら、

「**ちっちゃいね。**大ちゃん、1000回やんなよ」

って言われました。

要するに「もっと、目標値を上げろよ」っていう意味でした。

今、もう100人のゴールは見えているけれど、ここに来るまでに10年かかっています。

それを1000人にするって、もう、あと90年かかるのかって考えるじゃないですか。でも、違うんです。

人間は、**慣れてくると、スピードアップする**んですよ。

英語の勉強をしたことがある人はわかるかもしれません。

100ページの英語の小説があるとしますね。最初のうちは、わからない単語だらけで、全然、読み進められません。

最初は1ページ読むのに2時間かかるかもしれません。

すると、100ページだから読み終わるのに

２００時間かかるか、っていうとそんなことはありません。
どんどんスピードアップしてくるんですよ、語彙が増えてきて、どんどん進められますから。加速してきます。それと同じです。

最初は、10人の人をインタビューするのに、何年もかかってきましたけれど、コツがわかると、早くアポイントが取れるようになりますし、実績があると、いろんな人が出てきやすくなる。

「あー、あの人が出ている『私の哲学』なら、僕もでていいよ」
ってなるわけです。

だから、スピードアップは可能ですし、自分自身もあと９００人もの人に会えると思うと、すごく多くの人に会えるわけだから、ワクワクしてきます。

目標を高くすることは、本当に大事なんですよね。

というわけで、今は、１０００人が目標です。

これからやっていきたいのは、世界中の人にもっと出てもらうことです。

僕は英語が話せますし、人に対して壁を作らないキャラがあります。

たとえば、「中国のリーダー50人」とか、「オーストラリアのすごい50人」とか、「ブラジルの偉人50人」っていうのをやっていきたい。

ハワイシリーズはすでに始まっているんです。

今後はどんどんグローバルなサイトにしていきます。

どうしても
やり遂げたいなら、
自力でやる覚悟を持とう。

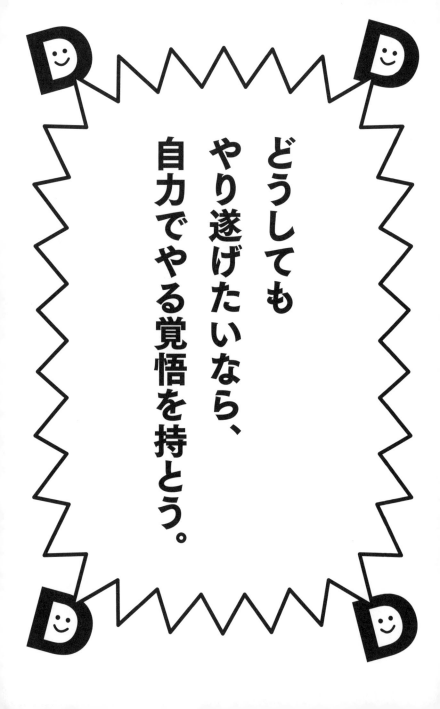

「どうしてもやりたいことは、自力でやる覚悟を持つ」ことが大切だと僕は思っています。『私の哲学』は、スポンサーをつけず、会社のオウンドメディアとしてやっています。

一般的に、こうした著名人インタビューは、スポンサーからお金をもらってやることが多いんです。雑誌でも、ネットでも、どんな媒体でも、インタビューはある程度お金がかかります。インタビュアーとか、ライターとか、カメラマンの人件費がかかりますし、インタビューする場所としてホテルや会議室を借りれば、場所代もかかる。

出てくれた方への謝礼も必要です。だから、スポンサーがついていることが多いです。テレビだって、民放はスポンサーがついているから、たくさんお金をもらって、制作費にしている。そこから、著名人や出演者、スタッフにギャラや人件費を払う。だから、いろんな番組ができるわけです。

僕も、『私の哲学』に関してたくさん制作費があればいいと思います。

でも、「スポンサーをつけること」イコール「スポンサーの意見を入れること」にほかなりません。スポンサーが、「あの出演者は事件を起こした。そんな人がでる番組のスポンサーをやっていると、ブランドイメージに傷がつく。だから、出演させたくない」といえば、その出演者は降ろされるし、あるいは、スポンサーが降りちゃって、番組そのもの、企画そのものが打ち切られることって、結構あるんです。

そんなのいやじゃないですか?

僕は、**自分がどうしてもやりたい企画だから、誰かに口出しされるのは嫌だったし、途中でやめたくもなかった。自分の好きにやりたかった。**だからスポンサーをつけていません。

じゃあ、読者からお金を取ったらいいじゃないかという人もいます。

よくネット上の媒体で見かけるのが、さわりの部分だけ読ませて「ここから先は会員登録」「ここから先は有料」というしくみ。僕はそういうやり方があまり好きではありません。

特に『私の哲学』については、お金を儲けたいと思って始めたわけじゃない。自分が会いたい人に、実際にお目にかかって話を聞いてみたら、すごくいい情報。これは、多くの人に知ってもらいたい、というのがそもそものコンセプトです。だからこそ、登場してくださる方も共感して、取材申し込みを快諾してくれたのだと思います。

スポンサーを一切つけず、読者からお金もいただかずに会社のオウンドメディアへの投資としてやっているから、楽しいし、続けてこられた。

みんなも、自分がどうしてもやり遂げたい企画があるとすれば、自分の力だけでもやると覚悟を持つことが大切だと思う。

D いろんな価値観を知り、自分にふさわしいものを選ぼう

『私の哲学』のもう1つのこだわりは、できるだけ、いろんなジャンルの方に出ていただいていることです。

僕がなぜいろんな人に話を聞きまわっているか。

それは、今の世の中、価値観が多様化していて、**答えが1つではない**からです。

1人の成功者の話だけでは、自分に合う答えが見つからないこともある。

例えば、取材をしていたときに「敵は作らないほうがいい」という経営者がいました。

『私の哲学』の4回目に登場してくださったフミ・ササダさんという著名なグラフィックデザイナーです。稲盛和夫さんがJALを再生したときに、昔のJALのロゴマークをデザインしたササダさんの鶴のマークを再び採用しました。

でも、先日、ピーチ航空社長の井上慎一さんを取材させてもらったら、「敵は倒せ。経営者は野獣たれ」と言うわけです。

経営者は強くなくては駄目だと。

要するに、一流の人でも、敵を作るなという人もいれば、敵は倒せっていう人もいる。

それから、一行山弘願院専修寺住職の甘利直義先生は、「こだわりを持つな」と言いますし、元慶應義塾大学総合政策学部長の阿川尚之先生は、「こだわりを持ちなさい」という。

みんな違うわけです。いろんなパターンがあるんです。

すると迷ってしまいますよね。一体、どっちが正解なんだよ、って。
実は、**すべての人に100%当てはまる正解なんてない**んです。

じゃあ、どうすればいいか。

自分で答えを見つけるんです。

この人の考え方は自分に合うか、この価値観は自分が好きかどうか。
そうやって自分なりの行動の指針を見つけていく。

今の時代は、できるだけいろんな人の声を聞いていって、はじめて自分の答えがみつかるんです。

僕はみんなが『私の哲学』を読んで、1つでもいいから、自分の答えを見つけてくれたらいいなって思っています。

若いうちは、いつも
自分が一番下っ端だ
と思おう。

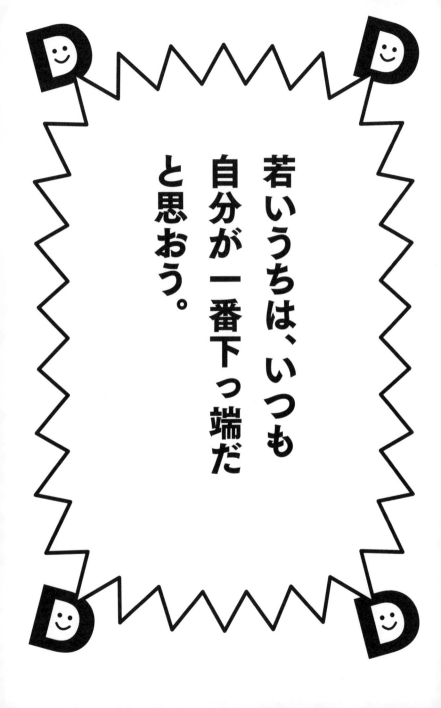

僕は20代のころに『私の哲学』を始めました。

そこで教わったのは、懐のでかい一流は、どこの馬の骨かわからない若造でも受け入れてくれる可能性が高いっていうことです。大体、でかい人は受け入れてくれます。だから、みんなも「この一流の人に会いたい」とか、「話を聞いてみたい人」がいるなら、どんどんアポイントを取って、懐に飛び込んでいくといい。もし、断られたら、時間をおいてまた接触してみるといい。物事には万事、タイミングっていうものがありますから。

会ってくれるとなったら、相手をストーカーするぐらい全部の本を読みまくっていくこと。「ただ、読みました」と言っても、説得力が弱いですから、取材のとき本を実際に持っていく。そのほうが「ちゃんと読んでくれた」と思ってもらいやすいから。

僕が取材して思ったのは、生意気なことはしてもいいけど、失礼なことはしちゃ駄目ってこと。遅刻する、挨拶ができない、言葉遣いが悪いというのは相手に失礼です。

僕がいつも心がけているのは、どんな集まりでも、**自分が一番下っ端**だと思うことです。すると、周りの人に尊敬の気持ちがわいてきて謙虚になりますし、学ぼうという姿勢になる。実際、謙虚な気持ちでいると、学びは多いですよ。だから、みんなにも、先輩たちからの学びを吸収したいなら、「自分が一番下っ端」って思ってほしいですね。

成功者に共通する「6つの力」。

『私の哲学』でこれまで100人近く、いわゆる成功者や、尊敬すべきリーダーたちを取材して気づいたのは、100パーセントではないにしても、それに近い共通点があるということ。大きくは**6つの特徴**があることがわかりました。

この6つです。**重要な順番に並んでいます。**

6つの力

1.元気力
2.行動力
3.軌道修正力
4.学習能力
5.習慣力
6.変化力

まず「元気」があれば「行動」ができます。そして行動することによって、色々なことにぶつかり、ぶつかるからこそ、「軌道修正」をする必要があり、そして軌道修正をすることで「学習能力」がつく。そして「習慣化」させることが必要。とはいえ、環境が変わったら「変化」をすることも大事、というのが『私の哲学』の取材で気づいたことです。

ここから、それぞれの力について説明していきます。

1、「元気力」があれば、人生は切り開いていける。

一番必要なのが元気力なんです。

声が大きいとか、**明るい**ということ。

本当に「元気」というだけで、人生って切り開くことができます。

たとえば、簡単な例でいえば、仕事をお願いするとき、暗い人にお願いしますか、それとも元気で明るい人にお願いしますか？

たいていの人は明るい人にお願いしますね。

それに、元気がないと行動できない。

体調が悪いときは、やっぱり駄目じゃないですか。

この元気力の大切さを僕に強烈に印象づけてくれたのは、**三浦雄一郎さん**です。

エベレストを最年長で登っている登山家ですが、たまたま僕と誕生日が一緒だったこともあって、「これは、縁がある！　ぜひ、お目にかかりたい」と思いました。

インタビューが終わってから、「三浦さん、僕のこと、おんぶできますか？」って聞いたら、

「どうかな？　やってみようか」と言って、軽々とおぶってくれました。

僕は、三浦さんの筋肉の柔らかさ、しっかりした体幹を感じました。当時、三浦さんは82歳でしたが、鍛えている50代のような肉体でした。

三浦雄一郎さんにおんぶされている男は、そんなにはいないと思います。

言ってみるものですよ。

何か思いついたときに口に出すことって大事。聞くのはただです。「すみません、ちょっとやっていただけますか」って。そしたら、抜群にいい写真が撮れましたから。

仮に断られたとしても、「聞いておけばよかった」と後になって悔やむより「まずは、聞いてみよう！」の姿勢が大事です。

話がそれましたが、三浦さんの元気力の源は、常に目標を掲げていることだと感じました。2015年当時のインタビューでは、次のような話をしてくれました。

TOSHIBA
SUNTORY
VAAM
クラーク高校
HINO

当面のターゲットは120歳です。100歳を目標にしていたら、100歳になったときにそれで満足してしまいます。

100歳まで生きなくてもいいけれど、100歳になっても好きなことができていること。今100歳の人たちの2／3以上はほとんど寝たきりで、介護が必要な状態です。

長生きして、面白いことができる。そういう状態ならいつまで生きたっていいわけです。やはり何かしら目標を持って、気持ちも攻めることです。

2019年、南米最高峰のアコンカグア登頂に挑戦していた三浦さんは、ドクターストップがかかり断念しました。

それでも、帰国後の会見では、落ち込む様子を見せることなく、「90歳でエベレストに挑戦する」と宣言までしていました。

この元気力にはまったく頭が下がります。

D　27歳で50億円の借金を抱えても「元気力」抜群

「ラーメンで世の中を元気にする」を経営理念に掲げる、株式会社花研の代表取締役ではんからラーメン創業者の**草野直樹さん**も元気力いっぱいの人でした。

元気な人はとにかく前向きです。

草野さんのお父様はくるまやラーメンの創業者。草野さんもくるまやラーメンで働いていましたが、借入をしていたメインバンクの長期信用銀行がまさかの倒産。監査法人が来て「これ以上資金は出せない。支援はするが社長交代をしてください」と言ってきて、草野さんが社長に就任。しかし、経営状態が悪化していたこともあり、すぐに倒産。

草野さんは27歳で50億円の負債を背負い、「一回目の人生終わったな」と思ったそうです。
それをどのように乗り越えたかを草野さんが話してくれました。

5年間、50億円の負債を抱えたまま過ごしました。そんな状況で再びラーメンを作り始めましたが、そこには「俺はできる」という根拠のない自信がありました。自信を持つのに理由なんか要りません。失敗して上手くいった人しか自信が持てないんじゃなくて、物事を始める前から自信を持っていないと上手くいかない、というのがこれまでの経験でわかったことです。人生にはいろいろなことがあります。例えば病気になったとき、良い医者を必死で探すとか、本当に大変なときはくよくよしている暇なんてないでしょう。

本当に大変なときこそ、くよくよしている暇はない。DDDDあるのみです。

根拠のない自信は、新しいことをする時にとても大切です。自信は「自分を信じる」ことですからね。

もし、僕が草野さんのように27歳で50億円の借金を背負ったとしたら、パニックになっ

てオドオドしていたに違いありません。

腹が座っている男、草野直樹さん。

逆境を乗り越えたからこそ、今の明るさや前向きな行動が生まれたのでしょう。

どのようなことがあっても、前向きで、元気に、くよくよしないで、行動し続ければ、チャンスや奇跡が起きるのだと思いました。

これからもラーメンと一緒に、日本から世界に「元気」を届ける活動を応援していきます。

2、半端ない「行動力」が人を成功へと導く。

成功者の多くの人が持っているのが行動力です。本書のテーマでもあります。

「行動しています」と口で言うよりも、「先に実行している」傾向があります。たくさんお目にかかった中でも、ずば抜けた行動力があると思ったのは、ヨシダソースの創業者で、ヨシダグループ会長兼CEOの**吉田潤喜さん**です。

京都出身の吉田さんは、アメリカにあこがれて、19歳のときにわずか500ドルだけを持って単身渡米。アメリカでヨシダソースを製造販売して億万長者になりました。「アメリカのソース王」と呼ばれています。まさにアメリカンドリームをかなえた人。

しかも、吉田さんが渡米した当時は昭和40年代。今みたいにたくさんの人が留学する時代ではない。そんな時代にたった一人でアメリカに渡るなんて半端ない行動力です。

この半端ない行動力こそが、人を成功に導くと思っています。

僕はどうしても会いたかったから秘書の方にメールを書きました。そうしたら、最初に返ってきた返事が「寄付はできません」と(笑)。

「いえ、寄付じゃなくて、純粋にお会いしてお話を聞きたいんです」と返事をしたら、

「じゃあ、○月△日のこの時間は帝国ホテルにいるから、来てください。1時間だけお目にかかります」って快諾してもらえました。

その吉田さんは僕のインタビューでは、こんなことをおっしゃっていました。

ショックだったのは、1年間留学するための休学でも、日本の大学では月謝を取られます。アメリカの大学は、休学している間の月謝は取らずに籍を残しておいてくれます。グローバル化だ、若者は海外に出なさいと言いながら月謝を取る。しかも、それに対する疑問が学生から出ない。消費税率アップの問題にしても、政治に対する疑問や批判が出ず、学生運動が起こることもありません。歴史を振り返ると、学生運動が起こらない国は潰れてしまっています。良いにしろ、悪いにしろ、革命が起きない国はだめです。国の改革を目指す革命は、若者が主体となって命をかけるもの。

吉田さんは、**「疑問に思ったら立ち上がれ、行動しろ」**と言っているんです。そして、「行動すれば、応援する人が必ず現れる」とも語っていました。

吉田さんとは、取材がきっかけで意気投合し「2カ月後にポートランドでチャリティーパーティーやるから来るか」と誘っていただきました。僕の返事は、もちろん、「イエス」。

行動することで、どんどん人間関係は深まっていくんです。

もう一人、スゲーと思ったのは、タリーズコーヒーの創業者で、前参議院議員の**松田公太さん。**松田さんは直接交渉でタリーズを日本に持ってきちゃった人。しかも、28歳という若さで。その後、わずか4年でタリーズジャパン株式会社をナスダックに上場させてしまったのだから、本当にすごい。

松田さんのモットーは〝**No fun No gain（楽しくないと、何も得られない）**〟。100％仕事を楽しんでいる、と言っていました。

楽しんでできるから続いているし、苦にならずに、次の目標を見据えて進むことができます。頑張った分だけ数字に表れるので、目標も立てやすく続けられる。現状維持ではなく、目標を持って常に前向きに、少しずつでも向上する姿勢が生きていく上で重要だと思っています。

行動力の源も「楽しむこと」だと思います。つらいことも、もちろんあるけれど、それさえも、「なんだか、笑っちゃうくらいつらい」と思えば、ぐっと心が楽になる。それから、行動しながら、「あーやったらもっとよくなる」「こうしたら、さらにいいんじゃないか」

と工夫をしていると仕事も、日常のこともすごく楽しくなると思います。

楽しむということは、美容室・美容院アース　ヘアサロンの経営で成功をおさめている、株式会社アースホールディングス代表取締役の**國分利治さん**もおっしゃっていました。

成功というのは、人、モノ、お金を手に入れることだと思います。僕の目標は、年収3億円、フランチャイズのオーナー100人、美容室200店舗です。これらを実現できれば、世間からは成功したと思われますよね。でも、幸せだと思われているわけではないでしょう。幸せはまた別なところにある。成功したらその次の幸せにステップアップできないと、人生での幸せは掴めない。成功だけで終わる人は、最終的に幸せにはなっていないと思います。幸せの定義は、手に入れたものを使って自分が楽しみ、人を楽しませることだと思います。

「成功」は経営資源として手に入れる物、そして「幸せ」はそのような基準とはまた違った考え方が必要だという新しいヒントを頂いたさしトークでした。

「仕事を楽しむ!」という姿勢はまったく一緒でした。

國分社長の著書『地道力』（扶桑社）を読んで、**「すべての結果は『○』と『×』ということ」**。つまり、△はない、という考え方に共感しました。

以来、自分自身が何か行動を起こした際はすべての行動を記録し、結果に対して、○か×で完結させています。ただし、意外とその時点で「×」だった結果でも、時間が経つと「○」になることがあります。

「やるか、やらないか」というのは、人生においてもっとも分かりやすいコンセプトだと思います。いつの時代でも「やる人はやり、やらない人はやらない」のです。

英語では**やる人**のことをDoerと言います。

國分社長はまさしく**Doer＝Ｄｏ君**。僕もＤｏ君であり続けたいと思います。

3、「軌道修正力」があれば、あらゆる困難に柔軟に対応していける。

行動することによって、備わるのが、「軌道修正力」です。なぜかというと、行動すれば、誰しも大なり小なり**「やべえな」**っていう壁にぶつかるからです。

どうしても軌道修正する必要が出てきます。

自分は軌道修正の必要がないっていうことは、ほとんど行動していないことを意味します。

何か起きたときに「あ、やばいな」「何か考えなきゃ」「ちょっと困ったな、誰かに頼まなきゃいけない」と思う。そして、軌道を修正していく。

行動しているからこそ養えるのが軌道修正力といえます。

面白いのは、目の前に出てきた壁を避けると、すぐにまた壁がくること。また避けると、また壁がくる。**壁はどうしたって来るんです。**いやなら逃げ続けることもできるでしょう。だけど、逃げ続けていると、現状から抜け出すことはできません。

だから、壁が来たらチャンスだと思って向き合う。その壁は、「今のおまえのままじゃだめだよ。変われよ」って言っている。

自分が変わるためのシグナルなんです。

壁は、今の自分自身を超えるための修行の場ともいえます。

成功者たちは、みんな、今の自分を軌道修正して壁を乗り越えています。

会社が倒産しかけた、あるいは倒産してしまった、仲間に裏切られた……。

みんな、壁が立ちはだかると、何とか乗り越えようとして考える。**今の自分のままじゃだめだから、軌道修正して何とかする**わけです。


そんな軌道修正力も多くのリーダーたちに共通する力です。

たとえば、2020年の東京オリンピックの会場、新国立競技場を手掛けている建築家の**隈研吾さん**。隈さんは、インタビューで、意外にも建築では完璧にやるのではなく、力を抜くことが大事だと教えてくれました。


僕にも完璧主義だった時代がありました。些細なズレが気になって、「これではだめだから揃えろ」と施工業者にだめ出しをする。それでどうなるかというと、施工業者がついて来なくなります。そんな経験を重ねた結果、今では、「ちょっと不揃いだけど、まあいいや」と対応できるようになりました。施工業者は「隈さん、良い人だな」、「意外にこの人

はやりやすいな」と安心して、結果的に彼らの士気を高めることにつながります。不思議ですが、そうやってみんなで楽しみながら作ると、建物にも楽しいオーラが出てくるんですよね。

隈さんは状況に応じて柔軟に軌道を修正しているからこそ、さまざまな現場でその場所に応じたすばらしい建築を生み出しているんですね。

こういう軌道修正力を持っている人たちに共通するのは、ぶれない在り様や軸を持っていることです。軸をしっかりと保ちながら、軌道修正をする。だから、その人らしく輝いていられるんです。

たとえば、カーコンビニ倶楽部代表取締役社長の**林成治さん**。個人でカーコンビニ倶楽部を買収しちゃったスゴイ人。2017年には、個人カーリース事業「もろコミ」を立ち上げるなど、業界で大注目の人です。

林さんは、プロミスで最年少の首都圏支社担当の執行役員になるも嫉妬によるうそをでっちあげられて辞任を余儀なくされたり、カーコンビニ倶楽部の競争入札の際に資金を用意するると言っていた知人に裏切られたり、さまざまな困難がありました。

その都度、復活してきました。林さんはこう言います。

苦しいときこそ、それまでの生き方が大きく関わります。男の生き様は、突き詰めると〝仕事の様〟。仕事の様を良くすることによって、生き様が良くなります。サラリーマン生活の後半、ここで自分の生き様を貫くと大損するだろうとか、会社での立場を失うだろうということが何回もありましたが、それでも構わないと思いました。だからこそ、今がある。一度でも自分の生き様を否定するようなことをしていたら、このポジションにはいないでしょう。全部つながっているんです。

ファッションデザイナーのドン小西さんも、長年積み上げたものを時代の変化によって失い、再出発を余儀なくされました。

ドンさんはこう言います。

僕は誰の力も借りず、人生を賭けて日本一のデザイナーを目指して頑張ってきた。土地

も建物もお金もなくなったけれど、それには替えられない自分の芯や感性は、我流でもしっかりしているという思いがある。これは決してお金では買えないものだよね。学習も知識も哲学も大事だが、毎日ドキドキ、ワクワクしながら何かを発見したり発明したりすることが楽しいんだ。つまり"GO WITH THE FLOW"で生きて行け！

いつもテレビでお見かけするドンさんが、かっこいいのはしっかりとした芯があるからなんですね。

芯がなければ、軌道修正するどころか、倒れてしまう。軸になるのは、自分は何をしたいのか、自分はどう生きたいのか、という部分です。

日頃から、自分の内面を見つめて、自分の在り方を考えることが大事だと思います。

4、失敗からの学びを次にどう生かせるか、考えるのが「学習能力」。

４つ目が学習能力。

何か失敗すると、「まずい、やらかしちゃったな」と思う。でも、乗り越えたら、「あれは、やっちゃうとまずかったんだ。今度から気をつけなくちゃ」という学びがある。

学びって、失敗するともれなくついてくるものなんです。

でも、ときどき失敗したことばかりに目が行ってしまい、学びを見落としてしまう人がいます。大事なのは、失敗に目を向けることではありません。

その学びを**次にどう生かすことができるか**を考えることです。これが学習能力です。


また新しい知識や新しいサービスを次々に学ぼうとする姿勢も学習能力です。

たとえば、「ご存知だと思いますが」と言われた時に、本当は知らないのに「はい」と分からないままスルーしたことはありませんか？　僕は昔よくやらかしていました。

いわゆる、知ったかぶり。

だけど、考えてみると、誰だってわからないことがたくさんあるのが当たり前です。

特に、新しい技術、新しい考え方、自分の興味関心や仕事とはあまり関係のない分野についてなら、なおさらです。わからないことがあったら、その都度、知っている人に聞いて教えてもらい、それを身につける。

すると、昨日の自分より少し賢くなれるじゃないですか。賢くなることは成長ですから、たとえ少しであっても、知ったことで成長できる。

人生って、毎日が学びの連続だし、その繰り返しで人は成長できるんです。

わからないことと出会ったら、「知らないなんて恥ずかしい！」って思うんじゃなくて、「うわーー！　また、知らないことと出会えたぜ。俺って超ラッキーー！」ってとらえる。

そういう学ぶ姿勢をもっているか、もっていないかが、成長する人としない人の違いといえます。恥ずかしいと思ったら、「一瞬の恥」か「一生の恥」か、自分はどちらを選ぶのか、ちょっと考えてみるといいですね。

学習力で印象に残っているのは、元慶應義塾大学総合政策学部長の**阿川尚之先生**の言葉です。

勉強ばかりでなく、物事の二面性を常に意識することが大切だと思います。ある学生が、

「学ぶ」という言葉は「真似ぶ」から来ていると教えてくれました。つまり、先輩の真似をして「型」を身につけるということです。往々にして「型」の大切さを慶應義塾大学総合政策学部の人は知りませんが、型のないまま社会に送り出しては良くありません。「型破り」という言葉がありますが、「型破り」な研究や芸術は面白い。でも「型」がなければ、破ることもできないのです。

経験の中でもちろん、とんでもないことを学ぶことはありますが、まずは型を身につけるということ。型っていいかえれば、「基本」だと思います。学生でも、社会人でも、基本的なことをしっかり学んでいればこそ、崩し方がわかるんです。

居酒屋チェーン、鳥貴族代表取締役社長の**大倉忠司さん**は、「悩みはない」とおっしゃっていました。

絶えず課題はありますが、取り組んでいれば解決します。起業当初から全国チェーン展開を目指していたので、思うように展開できない時期は、どうしたらいいのかと悩みまし

た。事業が常に100%上手く進むことはありません。上手くいかないことがあると、今は成長できるチャンスだと考えます。そうして長年やっているうちに、すべてのことを楽しめるようになりました。

前にある課題は、やらなければ終わらないけど、取り組んでいれば終わる。目の前の問題は、向き合い続けることで解決するのだと学びました。そして、向き合うときに大事なのは、心の持ちようだということも教わりました。うまくいかないことを「成長できるチャンス」ととらえれば、いろんなことが学べます。

オムロンの取締役会長の**立石文雄さん**が教えてくれたのは、旅から寛容性を学ぶこと。つまり、心を広くもち、おおらかでいることを学びなさいと教わりました。

旅をせよということです。グローバルに旅をして、異文化に触れて、現地の人の生き方、考え方を学ぶと、それらはのちに寛容性となって自分に戻ってきます。若い人たちには旅をしてほしいと思う。見聞を広め、寛容性を高めることは人間として必要なことです。

机に向かって学習する、仕事をしながら何かを学ぶ、それだけじゃなくて、旅に出て学ぶということの重要性。僕もそれは感じます。世界を旅すれば、いろんな人がいるわけで、いろんな人とコミュニケーションをとるには、寛容にならずにいられない。寛容でいることで、普段のコミュニケーション能力も高くなります。

もう一つ、立石さんから教わったのは、**"Never give up"** の大切さ。

"Never give up" この言葉、好きです。恥ずかしながら工学博士の学位を取得しました。これも "Never give up" の一つ、一生勉強ということでしょうか。何度失敗しても諦めないチャレンジ精神。僕はこの気持ちでずっとオムロンの社員としてやってきましたから、学位取得にチャレンジしたのかもしれません。どんなことでも、何とかしようと思ったら何とかなるものです。

僕もあきらめないで、常に、いろんな資格取得や、レースへのチャレンジを続けています。

5、行動を自分の一部にしてしまう「習慣力」。

5つ目は習慣力です。

何か行動しはじめたら、それを**継続して、習慣化することで、パワフルになっていきます。**

朝起きて、「さあ、今から頑張って歯を磨くぜ！」と言って歯を磨く人は、いないと思う。もう習慣になっているからです。

洗面所に行って、歯ブラシをとって、歯磨き粉をつけて、磨く。ここまでの一連の行動はたぶん無意識でしょう。生活の一部になっている。

でも、行き始めたばかりのスポーツジムや、やり始めたダイエットは、どうか。

習慣化されてないから、「行くこと」「やること」をすごく意識する必要があります。

なんでもそうですが、同じことを何度も何度もずっと繰り返し、**習慣化することで自分の一部になっていきます。**

僕には、ゴールドジムで十数年前から朝あいさつしているSさんというおじ様がいます。

「Sさん、今日も来ていますね」って言うと、「いや、習慣ですからね」と応えてくれます。

Sさんは、朝ジムに行って汗を流すことが、まるで歯を磨くように習慣になっているから、何でもないことなんです。

どうやって習慣化するか。最初から、「絶対に、習慣化するぜっ」ってがんばるんじゃなくて、「まっ、1か月だけやってみるか」とか、「3日だけやってみるか」って、目標を小さく設定すること。

「1か月できた。うぉー、俺ってやればできる！」

「4日も続いた。とりあえず三日坊主ではなくなった（笑）」でもいい。クリアしたことを実感すること。

そうやってがんばっていると、脳にがんばった快感が刻み込まれます。その小さな成功体験が習慣化につながっていきます。

習慣化したり、継続したりするときに、どのくらいやればいいのか、って思ったときがありました。その答えのヒントをくれたのは、プロゴルファーの**青木功さん**です。

〝プロフェッショナル〟とは、どういう意味だと思う？「お金をもらっても、もらわなくても、自分の力を出し切ること」。自分を守るにはそれしかないでしょう。実行できるか

どうかは、本人次第。与えられたことができる、できないではなく、やればできるという、先に向かっていく気持ちがどれだけあるかです。

未経験のことには、ぶつかっていくしかない。どうやってぶつかれば突破できるのか、何回ぶつかればいいのか。その度合いは本人にしか分からない。僕はいつも突破できるまでぶつかっていきました。

青木さんは、いつでもすぐにゴルフができるように、つねにコンディションを整えていたそうです。プロは、「今日はちょっと調子悪いから、できない」と言っていられない。そのために、いつもしっかり寝てコンディションを整えているとおっしゃっていました。

青木さんは、すごく面白い方で、取材のときに、パター勝負もしてくれました。

僕は、取材の半年前にヤフオク！で青木功さんのオリジナルモデルのパターを買って、ずっと練習していました。そして、大胆不敵にも、「この勝負、僕が勝つな」と思って勝負に臨みました。根拠のない自信です。結果、負けました（笑）。当然です。なんてったって相手は「世界の青木」ですからね。

そのとき、青木さんがこうおっしゃいました。

「杉山君、なんで僕が勝ったと思う?」って。僕は、「やっぱり青木さんは、『世界の青木』だからですかね」と答えました。すると、

「それもだけど、僕のほうが負けたくない気持ちが強かったんだよね。杉山君からは勝ちたいという気持ちしか出ていなかった。大事なことは負けたくない気持ちなんだよ。僕は誰にも負けない気持ちで、日本の旗を背負うような気持ちでアメリカに渡って、ゴルフをやってきたんだよ」と。「わー、すげぇ」って思いました。負けたくない気持ちが「世界の青木」のベースにある、と肌で感じたインタビューでした。

順調にキャリアを積んでいた放送界から、法曹界に転身した**菊間千乃先生**からは、良い状態のときこそ、それが続くように、次なる準備をするべきだと教えてもらいました。

子どものときに読んだイソップ寓話の『アリとキリギリス』が、今でも印象に残っています。楽しいことは長く続かない。楽しいときにその楽しさを持続させる準備をしておかないと、いつか終わりが来てしまう。人生をロケットに例えると、軌道に乗っている間に次の発射準備をしないとその先には行けません。ロケットを次々と発射させてステップア

ップしている人は、勢いよく飛んでいる間に必ず陰で努力をしています。私は今、毎日がとても楽しい。だからこそ危機感を持っています。今の良い状態をさらに伸ばすには何をしたらいいか、常に考えています。苦しいときに頑張るのは当たり前。楽しいときこそ次に向けて頑張ることで、2段階も3段階も先に進めるのではないでしょうか。

事業を興したとします。たとえば、すばらしいボールペンを製造する会社。そのボールペンはすごくヒットして、めちゃめちゃ売れて会社が成長したとする。その調子のいいときこそ、次なる製品の開発を始めてしておかないとダメだよ、っていう話です。

なぜなら、人は飽き習性があるし、ほかの会社がもっとすばらしいボールペンを開発するかもしれない。そうなったら、会社の売り上げがガタ落ちになるかもしれません。

だから、**いいときに次の準備をしておこう**と、いうことです。

何かを習慣化、あるいは、継続できたとしたら、そこに甘んじているのではなく、次のことを始める準備が必要になってきます。

6、間違えたら ちゃんと変わっていく 「変化力」。

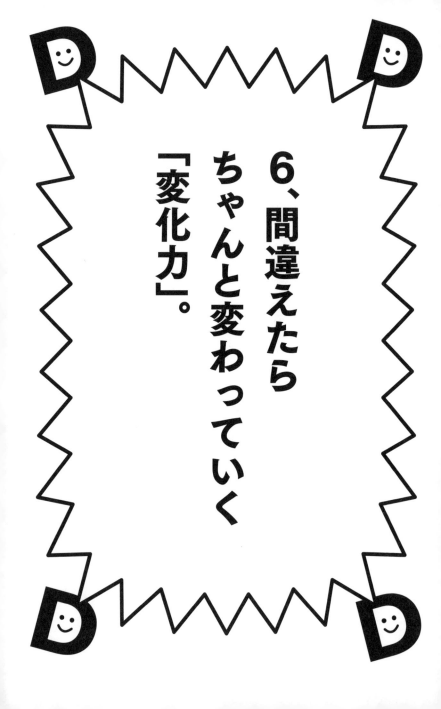

「やべえな」と思って、軌道修正して、自分の古いやり方を捨てて、ちゃんと変わっていけるかが、6つ目の力「変化力」です。

人気漫画の編集をしていた出版社を辞め、自ら立ち上げた会社で、日本にクリエイターエージェント業を根付かせようとしている株式会社コルク代表の**佐渡島庸平さん。**

佐渡島さんからは、変わろうとするときに120%の力を出すには、好きな人と仕事をやることが大事だと教わりました。

インターネットによって社会は透明化されたと思います。（中略）しかし、不透明なままのところもあります。僕は、その不透明な部分がクリアになって、頑張った人間、実力のある人間が報われやすくなると、面白い社会になるんじゃないかという仮説を立てています。世の中をそういう流れに持っていきたい。その流れを起こすためには、120%の力を出す必要があります。心に曇りがあると120%の力は出せないけれど、好きな人と好きなことをやっているときは120%の力が出せる。だから、好きな人と好きな仕事をすることは重要で、僕が一番大切にしていることです。

慶應義塾大学湘南藤沢キャンパス（SFC）を設立して、初代学部長となった故**加藤寛先生**からは、
コツコツやることで、変化が起こると教えていただきました。

学問は、コツコツと続けることが大切。ノーベル賞を受賞した学者をみても、誰一人として、正道を歩んでいません。隙間を狙って、みんなコツコツと長年勉強し、そしてノーベル賞にいたっています。多数派にならわず独自の道を信じて歩み、異なる目線で物事を見て、他の人が気づかない点に注目していたからこそ、世界的な賞がとれたのだと思います。

学問を続けていると、遅々として進まないと悩むこともあると思います。しかし、一見、進んでいないと思っても、実はそうではない。ひたすら続けることによって、それは必ず、社会に影響を与える成果を生むのです。

以上、『私の哲学』に登場していただいた方々の、**6つの力**に関わるコメントを紹介しました。

本のスペースの都合上、紹介しきれないたくさんの貴重なお話があるので、興味のある人は、ぜひ、WEBで**『私の哲学』**に目を通してみてほしい。

みんなの参考になるメッセージが必ず見つかると思います。閲覧は無料です（笑）。

第3章

自分らしく動く

人によって「ベストな行動」は違う。

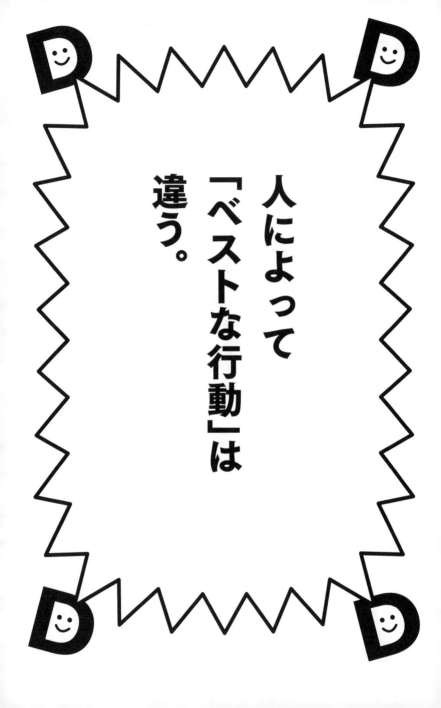

行動したほうがいい。

そうはいっても、僕が見ていると、行動できない人が大半です。

行動できる人になるにはどうすればいいのか。

大前提として、**「自分を知る」**必要があります。

なぜなら、人によってベストな行動（選択肢）は違うから。

ここでは、自分を知ることの大切さと、実際にどうやって自分を知れば良いのか、行動するときの心構えについて、お伝えしていきます。

カメが
ウサギに勝つには
どうすればいいのか。

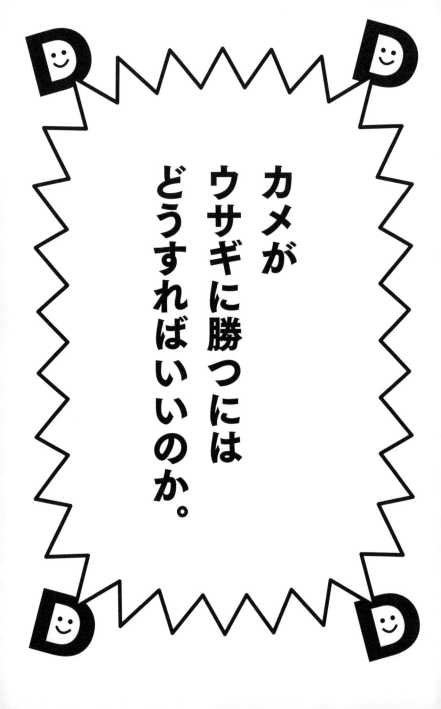

イソップ物語の中でも有名な「ウサギとカメ」の話があります。みなさん、ご存知だと思いますが、簡単に説明します。

ウサギがカメとレースをします。ウサギは足が速いので、最初はどんどん先を走りますが、途中で油断して眠ってしまい、遅いながらも確実に歩き続けたカメが勝つ、というストーリーです。得意になっていて油断をすると失敗し、コツコツ続けていればチャンスが来るという教訓の話です。

ただ、いつも相手が昼寝してくれるとは限りません。むしろ、レース中に昼寝などしないウサギがほとんどでしょう。そんなウサギにカメが勝つにはどうすればよいか。

「特徴を生かして勝負すること」です。

カメの特徴は何でしょう。

・硬い甲羅を持っている。
・種類にもよるが、多くは海の中で泳げる。
・長生き。

カメの特徴を生かして、「どちらが長生きするか」「どちらの背中が硬いか」という勝負であれば、ウサギよりもカメが有利になるでしょう。

誰にでも特徴はあり、うまく生かせば勝算はあります。英語が得意なら英語を、計算が得意なら計算を、絵が上手なら絵を描く技術を生かすのです。

アルベルト・アインシュタインは次のような名言を残したといいます。

「みなそれぞれ天才です。ただ、魚が自分を木登りの能力で判断したら、自分を一生ダメだと信じて生きることになるだろう」

さて、**あなたはどんな特徴を持っていますか？どんな能力を持っていますか？**

もし、「自分には特徴がない」と思っているのだとすれば、家族や仲のいい友人など、周囲の人に聞いてみるといいでしょう。「私の特徴は何だと思う？」「僕の特徴は何だと思う？」と。1つや2つはすぐに出てくるでしょう。

さて、あなたはその特徴をどう生かしますか?

D 戦う場所を間違えない

もう1つ動物の話をします。

シャチはアザラシやクジラまで襲って食べることがあり、海の王者といわれます。

そんなシャチにサルが言いました。

「シャチくん、明日、海の中で力だめしをしないかい?」

「いいとも!」

力だめしの結果は、もちろんシャチの勝利です。明らかにサルの戦略ミスです。

サルの特徴は、「手が長くて、握力がある」こと。木登りの競争だったら、サルが勝てたでしょう。シャチは海の中では王者であっても、陸では戦うことができません。

大切なことは、「戦う場所を間違えてはいけない」ということです。

仕事も同じです。

自分の特徴を生かすのにふさわしい場所を見極める必要があります。

人と会って話をするのが大好きなのに、いつもパソコンと向き合っている仕事についたら、自分の特徴を生かすことはできません。

でも、接客をしたり、営業をする仕事なら、十分生かすことができるでしょう。

自分の戦う場所を間違えてしまうと、どんなにDDDDをしても、成果を出すのが難しくなってしまいます。

絵を描くのが得意ならデザインの会社、ゲームが好きならゲーム制作の会社、料理が好きならレストランや料理教室……といったように、自分の特徴を生かせる場を探して、DDDDをすることが大切です。それが成果を出す近道です。加えて、

自分の特徴を生かせる場で仕事をすればこそ、人は輝けます。

ちなみに私の特徴の一つは、3歳から15歳までの12年間に及ぶアメリカでの生活で身につけた、ネイティブ同様の英語力とアメリカ文化を体験して身につけたことです。20代の頃、英語力を生かして、子どものための英語サークルを主宰し、9年間毎週土曜日に英語を教え続けました。

近所のお母さんたちからの要望で始めたのですが、多くの方に喜ばれて嬉しかったですし、9年間子どもたちに教え続けたことは、何より自分の力や自信になりました。

まずは、全力でやってみる。

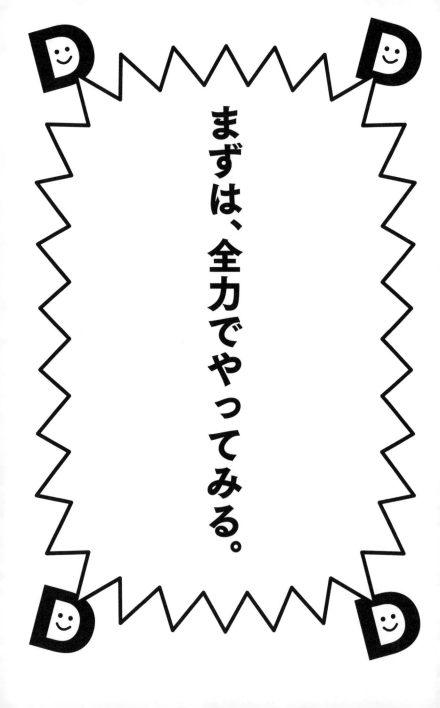

「自分の特徴を何に生かせばいいかわからない」
「必死に考えてみたけれど、どう生かせばいいか、答えが見つからない」
そんなときにおすすめの方法は、ちょっとでも「いいかも」と思ったことや、たまたま目の前に差し出されたことを、「まずは、やってみる」ことです。

友人に「この仕事、手伝って」といわれたら、嫌いな仕事でないのならば、やってみることです。親に「この仕事が向いているのでは？」といわれたら、やってみるこです。いろいろやっていくうちに、「この仕事は自分に合っている」「この仕事は好き」というものがわかってきます。

やりながら、ふるいにかけていくのです。頭の中で考えているだけでは、何も変わりません。やってみると、考えていた仕事とはまるで違った、などということは、世の中にいくらでもあります。

最近の僕の座右の銘、つまり、自分の生きていく上でのモットーは、

「やってみなきゃ、分からねーだろ」

これに尽きます。

D いつも全力でやる

やる上で、大切なのは「いつも全力でやる」こと、つまり全力で生きることです。

全力で生きることの大切さを教えてくださったのは、『私の哲学』シリーズに登場し、インタビューに答えていただいたスポーツドクターの**辻秀一先生**です。

辻先生は、応用スポーツ心理学を土台に、人の心と脳の仕組みに基づいてパフォーマンスアップを導く、独自の「辻メソッド」を提唱し、多くの人を元気にしています。

特にフロー理論を大切にしています。フローとは「揺るがず、とらわれない状態」で、この心の状態のときに力が最大に引き出されるそうです。フローの状態をもっと簡単にいえば、「ごきげんな状態」とおっしゃっていました。

辻先生がおっしゃっていたことで、特に印象に残っているのは、次のお話です。

人生の一瞬一瞬を大切に生きる。それがアーティストであり、プロフェッショナルです。

1日24時間、8万6千400秒。毎回全力で生きることの重要性がわかると、みんなもっと素敵になって輝く。

ただ生きていて、文句ばかり言っているのはもったいない。過去のことを後悔するよりも、まずは今に生きることを考えることから始めましょう。

思考が自分を作りますから、いつも一生懸命に取り組もうと考えることから始めたら、少しずつ心の状態が変わっていきます。自分の人生を自分で作る。自分の心を自分で作る。誰でもそんな脳の使い方ができるのです。

過去にとらわれないで、一瞬一瞬を大切に全力で一生懸命努力する。

僕も、いつも思っています。

後でお話ししますが、自分がアレルギーで死と直面したことで、一瞬一瞬の大切さがわかるようになりましたし、一瞬一瞬を大切に生きることで、人生が変わってきました。

D 「平生」をないがしろにしない

「一瞬一瞬を大切に生きる」を言葉を変えて表現すると、**「平生を大切に生きる」**ともいえます。

「平生」と書いて、「へいぜい」と読みます。意味は、『大辞林 第三版』の解説によると、「ふだん。つねひごろ。平素。平常。副詞的にも用いる。『―の心がけが大切だ』という意味を持つ。」です。「凡事徹底《ぼんじてってい》」とも言い換えられると思います。

僕は、『私の哲学』で取材させていただいた一行山弘願院専修寺住職の**甘利直義《あまりなおよし》先生**からこの「平生」という言葉を教えられて以来、生活の中で重んじています。

魅力的な人間になるために、どんな力が必要か。

「コミュニケーション力」とか、「人間力」とか、いろいろな力が挙げられます。では、こうした力は、どこで鍛えるのか？　それは「平生」です。

普段の何気ない生活の中で少しずつ鍛えていくしかありません。だから、一瞬一瞬を鍛錬の時間として、大切に生きる必要があります。
普段、社内の会議には必ずといって遅刻する人が、「私はお客様を訪問する際には遅刻はしません」と言っても信じられません。普段、いつ会ってもだらしない格好をしている人が、「僕は仕事をするときは、きちんとした格好をしていますよ」と言っても疑いたくなります。暗い顔をしている人が、「いつもは僕、明るいですよ」と言っても、首をかしげたくなります。

平生、つまり普段から変わりない態度でいることで、人からの信頼は得られるのです。

平生を大切に全力で生きていれば、チャンスが舞い込む回数も増えるでしょう。
たとえば、ラーメンを食べるときにも全力で食べるとします。「あー、このラーメンうまい！」と。すると、もしかしたら、横に座っている人が、「おまえ、ラーメンをすごいうまそうに食べるな。気に入った。今度、ラーメンのCMに出ないか」と言ってくるかもしれません。その「全力の姿勢」は誰かが見ているものです。

D 一貫性のある行動をする

世界で200万部を超えるベストセラーになった名著『影響力の武器』（ロバート・B・チャルディーニ著）には、「一貫性」のある行動には説得力があると書かれています。

一貫性とは、簡単に言えば『裏表』がない」「方針がぶれない」ことです。

×「Aさんには優しいけど、Bさんには優しくない」

○「Aさんには優しく、Bさんにも優しい」

誰に対しても同じ態度を取るのが一貫性のある行動です。

×「昨日はごきげんだったけれど、今日は不機嫌」

○「昨日はごきげんで、今日もごきげん」

いつでも同じ態度を取るのが一貫性のある行動です。

トップセールスマンや経営者は、この一貫性を大事にしています。

僕は一貫して「いつも本気」で行動するように心がけています。

小学生とかけっこをする際にも本気で取り組みます。前述のようにプロゴルファーの青木功さんとパター勝負をしましたが、ありのままの自分で本気で取り組みました。

プロのボクサーが素人と本気で殴り合いするようなことはもちろん論外ですが、日常の中で、全力で取り組まず、対応する人によって力加減を変える、すなわち相手によって態度を変えていては信頼を失うのではないでしょうか。何事に対しても、一生懸命頑張る。その姿勢を貫くことで人は成長できるのでしょう。

毎日毎日、ぶれずに繰り返すことで、昨日よりも今日、今日よりも明日、自分の力は積み重ねられ、アップさせることができる。平生の自分を鍛えることで人間力が鍛えられていきます。自分を磨き続けることにより、コミュニケーション力や人間力が増してきます。

自分は日々の生活で形作られています。毎日の生活の中で、しっかりぶれずに生きることが大切です。すると、確実に力がついていきます。

毎日、前日よりも「1・1倍」自分が努力すると、翌日には1・21、その翌日には1・331になります。しかし、前日よりも「0・9倍」しか努力しないと翌日には0・9×0・9で0・81、その翌日は0・729になります。小さな努力が大きな結果を生み出します。初めの一歩は難しいかもしれませんが、続けることによって奇跡が起きます。

自分を分析しよう。

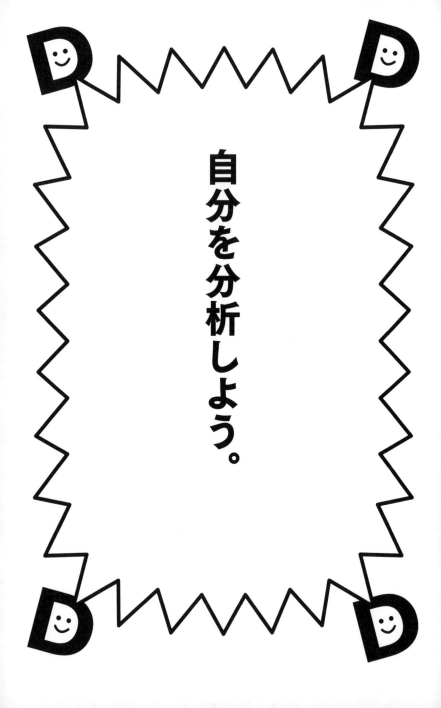

自分の特徴を知るには、自分を分析するのが近道です。

どうやって自分を分析するのか。いくつかあります。

いちばん簡単な方法は、メモ用紙とペンを用意して、自分の内面に目を向け、自分の特徴を表わすキーワードをあげるだけです。

性格ではなく、**やってきたことや得意なことを10個あげてみてください。**

私なら、行動力、DDDD、海外、英語、教育、経営、子育て、インタビュー、MBA、マラソン、映画……。

もし、すぐにあげられないのであれば、**これまでの簡単な自分史**を作ってみてください。

幼少期、小学生時代、中学生時代、高校時代と分けて、それぞれの時代で自分が行動したことで印象に残っていることを書き出します。

そして、その行動の、何が自分は好きだったのかを書く。

たとえば、小学生時代、「夏休みは毎日ラジオ体操に通った」とすれば、「運動が好き」なのかもしれません。中学時代、「週に一度、映画を観に行った」とすれば、「映画が好き」だったのでしょう。

自分の過去を棚卸することで、自分の得意なこと、特徴が見えてきます。

D 普段からメモを取るのもいい

自分を分析するもう一つの方法として、普段から自分の考えていること、つまり、思考をノートに書き出すのも手です。頭の中を可視化することで、自分の特徴や状況がわかります。僕は常にノートを持ち歩き、自分の頭の中を整理するようにしています。

たとえば、次のようなことをノートに書いています。

①自分と関わりのある人との相関図

自分の人間関係を整理するのが主な目的です。「名前」や「特徴」を書きます。自分がどんな人とつきあっているか、「誰とつながっているか」「特徴」などを書いておきます。すると、たとえば、仕事で困ったとき、相談すべき相手がすぐにわかりますし、「今度、この人と組んで仕事をしてみよう」と考えるのにも使えます。

②気に入った言葉

自分を勇気づけるため、講演などで使うために気に入った言葉や名言はすぐにメモしておきます。著名人の言葉であることもあるし、仕事先で聞いた言葉の場合もあります。人を元気づけるような言葉や、自分が共感した言葉です。自分がどんな言葉に響くのか、自分の傾向もわかります。

特に気に入った言葉は、書いておくだけでなく、自分のコメントもつけておきましょう。

③人に言われた自分に対する評価

これは、いちばん自己分析に役立ちますし、自信にもつながります。「○○さんは、いつも元気がいいね」「○○さんは、人の話を聞きだすのが上手だね」など、他人からの「いい評価」です。

僕は最近、日本画家の**千住博さん**を『私の哲学』で取材した時に、インタビューの感想として「私は長年、とても多くの方からインタビューを受けていますが、杉山大輔さんの印象は、その中で特にシャープな方というものでした。受け答えが明晰にして無駄がない。流暢な英語を話す、礼儀をよく知った国際派の杉山大輔さんの輝く未来を、私は確信しました」とコメントをいただきました。人と会うのが大好きで、徹底的に取材相手のことを調べ、時間内に取材が終わるように配分するなど12年目になり、自信を持って自分はプロのインタビューアーだと実感した瞬間でした。

D キャリアシートを書いてみる

少し手間がかかりますが、自分を分析したいなら、キャリアシートを作ってみるのもいいでしょう。新卒で就職活動をするときに、キャリアシートを書いた経験のある人は少なくないかもしれません。そのときに、自分を分析したはずです。

キャリアシートは新卒者だけのものではありません。30代でも、40代でも、ときどき書いてみるといいでしょう。定期的に書くと、自分の特徴や状況を客観的に把握できます。

杉山流のキャリアシートを次ページ以降に掲載しました（自由国民社ウェブサイトの本書商品ページからダウンロードできます〈https://www.jiyu.co.jp/shakaikeizaijinbun/detail.php?eid=03410&series_id=s03、左下のQRコードからアクセスできます〉）。

これは、次のステップで自分を分析していくものです。

【STEP1】自分を知る

【STEP2】未来を描く

【STEP3】成長戦略を考える

【STEP4】自分マーケティング

それぞれについて解説します。

『DDDD』
商品ページ

D Step 1. 自分を知る

自分の再認識

① あなたの大好きなこと・やりたいことを 10 個挙げてください。

② あなたの良いところ・得意なところを 10 個挙げてください。

D Step 2. 未来を描く

あなたの将来の目標を書き出してください。

	仕事（学業・進路）	ライフスタイル（趣味・健康・教養）	家庭（恋愛）
20 代			
30 代			
40 代			
50 代			

D Step 3. 成長戦略を考える

現状を書き出してみましょう。

	仕事（学業・進路）	ライフスタイル（趣味・健康・教養）	家庭（恋愛）
現状			

将来の目標　－　現状　＝　しなければならないこと（To Do）

	仕事（学業・進路）	ライフスタイル（趣味・健康・教養）	家庭（恋愛）
目標	① ② ③ ④ ⑤	① ② ③ ④ ⑤	① ② ③ ④ ⑤

しなければならないことをするために、行動計画を立ててみましょう。

しなければならないこと（To Do）	いつまでに	どうやって（具体的行動）
① ② ③ ④ ⑤	① ② ③ ④ ⑤	① ② ③ ④ ⑤

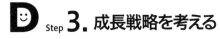

D Step 4. 自分マーケティング

なりたい自分になる

年代別の目標をそれぞれ一言で表現してください。

20代		40代	
30代		50代	

なぜ、あなたを選ばなければならないのですか？

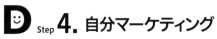

1年毎に細かく目標を設定してみましょう。

未来の履歴書

ふりがな	
氏　名	
年　月　日生　（満　歳）	□男　□女

年	年齢	仕事	ライフスタイル	家庭

http://daisukesugiyama.jp/

【STEP1】 自分を知る

自分の大好きなこと、やりたいことを10個あげる
自分の良いところ、得意なところを10個あげる

【STEP2】 未来を描く

・20代、30代、40代、50代……と、それぞれの年代ごとに、「仕事」「ライフスタイル」「家庭」の3つの分野に関してそれぞれ自分の未来の目標を描く。

【STEP3】 成長戦略を考える

・現状の「仕事」「ライフスタイル」「家庭」はどうなっているかを書く。
・将来の目標を書く。
・将来の目標から現状を引くと、やるべきことが見えてくる。
・やるべきことをきちんとやるために、行動計画表に落とし込む。「何を」「いつまでに」「どうやってやるか」を明記する。

【STEP4】自分マーケティング

・なりたい自分はどんな自分かを書く。

・30代、40代、50代、60代と、年代別の目標をひと言で表現する。

・なぜ、人はあなたを選ばなければならないのかを書く。

・「仕事」「ライフスタイル」「家庭」の3つの分野に関して、未来の履歴書を書く。たとえば、○歳で独立する、○歳でバイクの免許を取る、○歳で結婚する、○歳で子どもを二人作る、などのように書く。

もし、自分をしっかり分析したり、キャリアを真剣に考えたいのであれば、今日、すぐに自分と向き合って、キャリアシートを完成してみましょう。

今日、すぐにDoすることがポイントです。

D 日頃から自分の特徴をすぐに言えるようにしておく

自分の特徴がわかったら、日ごろから人と話をするときに口に出すようにします。

日々、人と出会う中で、何気なく自分の得意なことを話しておくと、何かのときに相手に思い出してもらえます。

それが、仕事や新しい人との出会いにつながるのです。

私は、かつて、来日した元プロバスケットボール選手、**デニス・ロッドマン**の通訳に抜擢されたことがあります。

そのイベントに関わっていた友人から、

「杉山さん、バスケットボール、好きだったよね？　英語得意だよね？　通訳やってもらえない？」

と頼まれたのがきっかけでした。

友人は、**「バスケット」「英語」＝杉山大輔**と、私のキーワードと共に名前を思い出し、連絡をくれたのです。


おそらく、英語が話せる人はたくさんいると思います。

その中でも私を選んでくれたのは、「バスケット」のこともわかるからです。

ロッドマンといえば、名プレイヤーで、私も大好きな選手。二つ返事で引き受けました。


自分を分析して、しっかりと特徴が言えるようにしておきましょう。

特徴がないなら、
自分で作る。

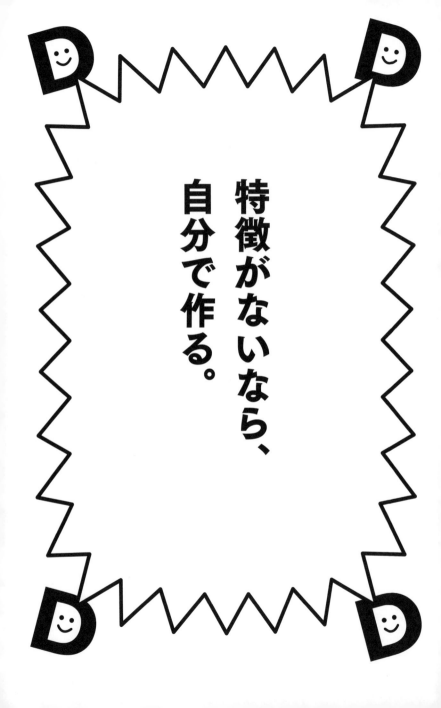

もし、自分に特徴がないと思うなら、「将来役立ちそう」あるいは「この勉強は好き」と思う資格を取得することをおすすめします。

僕はこれまで一度も就職したことがありません。

学生時代に起業し、自分の力で生き抜いてきました。会社の成長、社員、自分のため、そして、妻や4人の子どもたちを養うために必死でした。同時に危機感も持っていました。世の中、何が起こるかわかりません。自分の会社が倒産しないとは限らない。いざとなったら、どこかの会社に就職したり、ほかのビジネスを始めたりするしかない。

就職するなら履歴書をぎっしり埋めたほうが有利だろう。この世界で生き延びるために、いろんな力を身につけておいたほうがいいだろう。そう考えて、いろんな資格にチャレンジしてきました。

使える資格、使えない資格があります。たとえば、もし、パイロットの資格「定期運送用操縦士」を持っていたとしても、飛行機を所有していなかったり、しょっちゅう操縦することがないなら宝の持ち腐れになる。

けれども、たとえ普段使わないにしても、誰かに会って「僕、パイロットの資格を持っているんです」といえば、「すごい！」と言われる。履歴書に「定期運送用操縦士」と書かれていたら、「おー」と思う。

資格は履歴書に書く時には、たった1行ですが、書いてあるのとないのとでは、人に与えるインパクトが違う。重みがあるんです。

特に日本は資格を取るために努力したことを評価する社会ですから、取りたい資格、興味ある資格があるなら、取っておくといいでしょう。

D 新しいチャレンジは新しい出会いを作ってくれる

僕がどんな資格取得に挑戦してきたか、紹介します。

英検1級を持っています。もともとアメリカ育ちで英語は得意。英検1級を資格としてもっていると英語の実力はわかるので取得しました。

ＭＢＡ（経営学修士）も持っています。経営者や企業でリーダーになるには必須です。日商簿記2級は学生時代に取得しました。「社会人として、簿記の資格は持っていたほうがいい」と学生時代の恩師に言われたからです。簿記は、3級、2級、1級とありますが、2級はある程度難易度が高く、取得するには予備校に通う人もいます。

僕は、お金がなかったし、バイトをしていて予備校に通う時間もなかったので独学。参考書を買ってコピーして、大学へ通う電車の中で毎日数ページずつ勉強しました。

簿記の資格があったことで、起業した時に領収書の仕訳などを理解できました。


大型二輪車の免許も取りました。

「バイクっていいよ、大輔」と大学の先輩に言われて、最初はあまり乗り気ではなかったけれど、「まっ、やってみるか」と、教習所に通い始めました。

乗り気じゃなかったせいか、「Ｄｏ」する優先順位がだんだん下がっていって挫折。普通二輪車や大型二輪車の免許取得には教習所に通い始めてから9か月以内に修了させなければいけないのですが、期限切れで取れなかったのです。

そのあと、再び、先輩に会うと「大輔、バイクの免許取ったの?」と言われて、再度チャレンジ。前回よりもバイクへの興味が高まっていたのでしょう。

今度は、普通二輪と大型二輪の両方をすぐに取ることができました。

大型二輪車の免許を取ったあとは、すぐにバイクを買いました。


大型二輪免許を取得したことでいいことが二つありました。

一つは、教習所で多くを学んだことです。教習所の教官と数カ月の時間を過ごしましたが、技能講習にしろ、走行にしろ、基本のキをしっかり教えてくれます。これはビジネスにも当てはまります。細かい点を確認していく姿勢が大切だと再認識できました。

大型二輪の取得では、適性検査もあるのですが、自分の判断力や性格をあらためて知ることができたのもよかったです。

二つ目は、人脈が広がったことです。

成功している人や、経営者の中には、大型のバイクが趣味の人が多いのです。趣味が同じだとすぐに打ち解けられます。バイクという共通言語のおかげで、話がはずむからです。

バイクの場合、「今度一緒にツーリングしよう」という話にもなります。

これは、バイクに限ったことではありませんが、新しい分野に足を踏み入れると、その分野には多くの先輩が必ずいます。そこからまた新しいことを学べる。

大型二輪の免許取得は、僕にとって新しいチャレンジでした。これによって新しい出会いが生まれました。考えてみると、**新しいチャレンジをするからこそ、新しい出会いが生まれるのかもしれません。**

普通自動車の免許はオートマティック車限定と、マニュアル車もオートマティック車も運転できる制限なしがあります。僕はもともとオートマティック車限定の免許を持っていましたが、限定解除の試験を受けて両方運転できる免許に変えました。

地方や海外に行くとマニュアル車が多いですし、乗ってみたいと思うスポーツカーもマニュアル車が多いからです。

結局、人生で何かに「限定」してしまうと、それ以外のものができなくなります。チャンスが舞い込んできたときに逃しかねない。だから、資格の場合は、「限定」よりも、制限なくできる方を選んだほうがいいと思います。

ほかにボートの操縦ができる1級船舶免許、それからキッズ英語を教えているときにOxford Teacher Training Program の資格を取得し、英語のオリジナル教育法を身につけ、自分をアップデートすることができました。

こうした資格の一つひとつが、杉山大輔の特徴を形作ってきました。

たとえ資格を取れなかったとしても勉強したことに意義がある

ただし、最後まで受からなかったものもあります。

USCPAという米国公認会計士の資格を取ろうと思って、授業に出て単位は取得しましたが、どこかで挫折して、試験を受けていません。

ただ、勉強したことで学びは多かったです。たとえば、不正のある会社の見分け方です。

「会社の資料を出してください」と伝えて、翌日に出てきたらちゃんとできてる会社、1週間しても出てこないのなら、不正があるかもしれない、ということを学びました。

僕は以前、品川でキッズ英語を9年間教えていましたので、通信教育で保育士の免許取得にもチャレンジしました。一度だけトライすると決めて勉強しました。8科目の試験に通る必要がありましたが、2科目取れずに、落ちました。

それでも、保育士資格の勉強をしたことで、子どもの耳に虫が入ったときは懐中電灯を当てると出てくる、とか、子どもと接する知識を身につけたので、子育てに役立ちました。

たとえ、資格が取れなかったとしてもチャレンジしたことに意義がありますし、大なり小なり学びはある。

僕は若い時に資格取得にチャレンジすることをすすめます。

「能力」と「努力」の
関係を知れば、
自分をより磨くことができる。

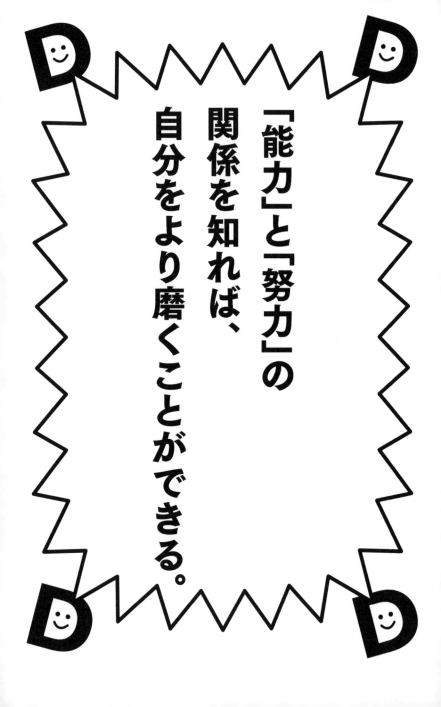

A

技術
センス
能力

点
（5点満点）

×

B

意識
努力
覚悟
行動

点
（5点満点）

＝

点
（25点満点）

ここに、AB2つのボックスがあります。

Aは、技術、センス、能力。

Bは、意識、努力、覚悟、行動です。

どれも自分を磨いていく上で大切なものですが、

2つのボックスの違いがわかりますか？

息子がやっている少年野球を見て思うんですが、一番残念なのが1塁に全力で走らない子です。「フライだからどうせアウトになるし、走らなくていいや」と思って走らない子がいるわけです。

でも、何が大事なのかって、全力で1塁に走るっていうことです。能力でもセンスでも技術でもない。

ただ、一生懸命走るってことでできることです。

みんなに聞きたいことがあります。

自分の中のボックスA、つまり**「技術」「センス」「能力」**を、5点満点で自己評価してみてください。

これらについて「すごくある＝5点」「まあまあある＝4点」「普通＝3点」「あまりない＝2点」「ない＝1点」というようにです。

同様に、自分の中のボックスB、つまり**「意識」「努力」「覚悟」「行動」**を5段階で評価してみてください。

「技術」「センス」「能力」は5点。「意識」「努力」「覚悟」「行動」は2点だ、という人がいるとします。5点×2点＝10点。この人は、トータルで10点です。

一方、「技術」「センス」「能力」は2点。でも、「意識」「努力」「覚悟」「行動」は5点だ、という人がいるとします。2点×5点＝10点。この人も、トータルで10点です。

要するに、Aボックスは自分の持ってるもの。**技術、センス、能力は磨くために時間がかかります。**

一方、Bボックスは自分がやろうとすればできること。**意識とか努力とか覚悟とか行動っていうのは、もう今この瞬間からでもできるわけです。**

一番大事なことって何なのか。

技術とかセンスとか能力だけで人は何かを継続できないんです。

また、ボックスBの**今すぐできる「意識、努力、覚悟、行動を変える」ことによって、はじめて、ボックスAの技術、センス、能力も磨かれる**といえます。

これは本当に大事なことなので、もう一度指摘します。

技術、センス、能力は身につけるまでに時間がかかりますが、意識、努力、覚悟、行動は瞬時に変化できます。

いますぐ「ボックスB」の点数を上げましょう！

「野生のカモ」になれ。

知人から聞いた**「野生のカモ」**の話をシェアします。

カモはもともと渡り鳥で何千㎞も飛ぶことができます。

エサを求めて、湖や川を転々と飛び回るのです。

エサのありそうな湖に到着してエサを捕り、「もうなくなってきたな」と思ったら、ほかのエサのある場所を探し求めて飛んでいきます。


あるカモの群れが、湖に飛んで行き、エサを食べていました。

そろそろエサがなくなりそうだから、飛んでいこうかなと考えていると、優しいおじいさんがきてエサをくれました。

「君たちはかわいいね。ごはんを食べなさい」と、毎日朝に晩にとエサをもってきてくれたのです。

オオカミがやってきてカモを襲おうとすると、おじいさんがやってきて、鉄砲を撃ってくれました。

カモたちは、「ここにいれば、毎日エサをくれる。もう探しに行かなくていい。しかも、おじいさんは、どう猛な敵からも守ってくれる。俺たち、超ラッキー！」と喜んで、エサを求めて飛び回るのをやめてしまいました。

そんな生活が数年続いたある日のこと、おじいさんがピタリと湖に来なくなりました。おじいさんは病気になり、亡くなってしまったのです。

カモたちは、「やばい。ここにいてももうエサはこない。どうしよう」「大丈夫だよ。俺たち渡り鳥じゃん。また飛べばいいよ」と相談し、飛ぼうとしました。

ところが、すっかり太ってしまったカモたちは、もう飛ぶことができません。数年間、まったく飛んでいなかったので、飛び方を忘れてしまったのです。

やがて、山が雪解けになり、その醜く太ったカモの群れは押し寄せてきた激流になすすべもなく流され、全滅してしまいました。

これはデンマークの哲学者、セーレン＝キルケゴールの書物に書かれていた鴨の話が元になっています。

1959年、IBMという会社の会長だったトーマス・ワトソンJr.が、この話を社訓に使いました。

「ビジネスには野生のカモが必要です。そしてIBMでは、その野生のカモを飼いならそうとは決してしません」と言ったそうです。

困難に立ち向かっていく社員が必要だと言っているわけです。

安住の地で、のんびりして、どんどん自分の力を失くしてカモではなく、厳しい自然環境の中で立ち向かう野生のカモこそが必要だと。

この話を聞いて、僕が学んだのは、一つの場所にずっと安定してしまうと、考える力や自分が本来持っていた力がなくなる、ということです。

今の若い人でいえば、大学受験で、あそこの大学に入りたい、こっちの大学も挑戦しようと、必死に勉強する。

毎日、勉強という行動をし続けます。

ところが、めでたく合格し、大学という心地よい場所に入った途端、勉強をしなくなり、考えることすらやめてしまいます。

結果として、自分が本来持っている力はどんどん衰えてしまい、希望通りの会社に就職することも難しくなってしまう。


安定によって、自分の力はどんどん落ちてしまうのです。


この話のポイントは**Stay hungry**です。

僕はハングリーです。

今働き方改革をやってますけれども、**僕自身はハングリーな企業家だと思います。いつも、次から次へと何かを求めて働き続けています。**

けれど、自分が好きなことをやっていますから疲れない。

そもそも、経営者ってすごく働き過ぎても、あまり過労死することはないと思います。

楽なほうへ楽なほうへと生きるのも悪くない。

けれど、**多少忙しくても、好きなことやって生きるのがいい**と僕は思っています。

そっちのほうがダンゼン楽しいから。

「イエス」は魔法の言葉。

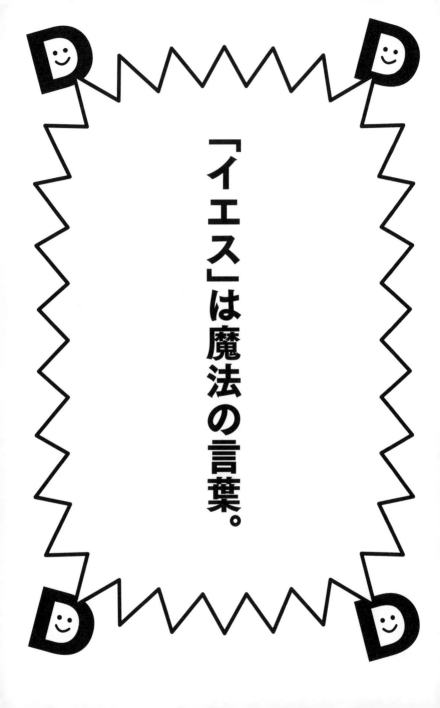

人生を好転させる言葉、自分を行動に導いてくれる魔法の言葉。

それが、**「イエス（＝はい）」**です。

きっかけは1本の映画との出会いです。たくさんの映画を観てきた中でもナンバーワンが、アメリカ映画の**『イエスマン〝YES〟は人生のパスワード』**でした。

最高に面白い映画です。観たことがない人はすぐに観てください。観たことがある人は、もう1度観てください。人生が変わります。

簡単に内容を説明します。

ジム・キャリー演じる主人公、銀行員のカールは、「NO」が口癖で、プライベートでも仕事でもいつも「NO」と言います。

「今度パーティーがあるから行こうよ」と誘われれば、「ごめん、ちょっと忙しいから行けない」と断る。「融資をお願いしたい」と顧客が頼みにくれば、「あなたは自己資本も信用もない」と却下。とにかく断り続けます。

ところが、あるセミナーへの参加をきっかけに、決断を迫られたときにはそれが何であれ、「とりあえず『イエス』と言う」と行動を変えていく。

融資の申し込みが来たら「イエス」、土曜出社を頼まれれば「イエス」。

そうやって、イエスを言うことで、人生を変えていく、というストーリーです。

もちろん、あきらかに詐欺とわかることや、法を犯すこと、命の危険にさらされるようなこと、人に迷惑をかける誘いに対しては、はっきりと「NO」と断るべきです。

けれど、それ以外のこと、たとえば、**人の役に立てること、自分の経験や学びになると思えることは、できるだけ一回でも多く「イエス」ということをおすすめします。**

僕の場合は、信頼できる人からの誘いだったら、細かいことは聞かずに、基本的には「イエス」。直感で楽しそうなら「イエス」。

細かいことを計算して動くと、運を逃すことが多いし、「イエス」と答えることで、確実に縁が広がってきました。「イエス」にはそういうパワーがあるのです。

たとえば、ある日、「杉山大輔さん、突然のご連絡大変失礼いたします。慶應大学の後輩ですが、OBとして講演をお願いできませんか」とメールをいただきました。僕は、3分後には、「もちろんいいですよ」と返信しました。

たった一つ「イエス」の返信をしたことで、講演をし、さらにそこから新しい人脈ができて、新たな仕事につながっていきました。

「イエス」は自分の世界を広げていく、魔法の言葉です。

D「断りグセ」をなくす

人から何かを頼まれたり、誘われたりしたら、できるだけ「YES（いいよ）」と言ってみてください。あなたの人生は、面白いように良い方向に変わりはじめます。

『○○』っていう映画が面白そう。一緒に観に行かない？」と誘われたら、
「ごめん、あまり興味ないな」ではなく、「いいよ、行く！」
「この仕事、やってもらえないかな？」と頼まれたら
「今、ちょっと忙しくて」という代わりに、「いいよ。いつまでに？」

断り癖をやめ、**意識して「イエス」と応える**ようにします。

すると、どうなるか。

友だちがどんどん増えます。

仕事も舞い込んでくるようになります。

人脈も広がっていきます。


自分が誘うほうの立場になって感情をイメージしてみてください。

「映画に行かない？」と誰かを誘って、「いいよ！」と言われたときと、「ごめん！　また今度にするわ」と言われたとき、どんな違いがあるか。

「いいよ！」と言われたほうが、気持ちがいいし、良い印象が残ります。次もまた誘いた

い、と思うでしょう。

仕事にしても、いつも「やります！」と応えてくれる人なら、「この人、感じがいい！

頼みやすいから、次もまた頼もう」と思います。
※もちろん、「本当に嫌なこと」にはＮｏと言える姿勢を持つことが大切です。念のため。

D 「イエス」は仕事をどんどん増やしてくれる

「イエス」と返事をしていると、仕事で声をかけてもらえる存在になれます。

「困ったな。杉山大輔に相談してみよう。あいつなら『イエス』と言ってくれるだろうから」

と思い出してもらえます。

仕事はそもそも困りごとを解決するものです。

自分の会社でウェブサイトを作りたい。でも、作り方がわからない。困ったな。そうだ、ウェブサイトを作る会社に相談しよう、となります。

困ったときに思い出してもらえるのは会社としてはとてもありがたいことです。

僕の会社では、そうやって仕事を増やしてきました。

そして、頼まれたら、できるだけ期待に添えるように全力を尽くし、無理なものは、他に代替案を考えます。

そうすれば、みなさんもビジネスも良い方向に変えることができると思います。

「イエスマン」は映画の中の話ですが、住職の**甘利直義先生**から「『日常の五心』を大事にすると人生が開かれる」というお話を聞いたことがあります。

「日常の五心」とは、すなわち、

一、『はい』という素直な心
一、『すみません』という反省の心

一、『おかげさま』という謙虚な心
一、『私がします』という奉仕の心
一、『ありがとう』という感謝の心

ここでも最初に来ているのは「はい」。つまり、「イエス」です。
素直に「はい」ということは、洋の東西を問わずに大切なことなのでしょう。

\ Yes! /

D

「イエス＝はい」は短く簡単な言葉ですが、面白いように人生を切り開いてくれる言葉です。

ぜひ、口癖にしてみてください！

教えるつもりで学ぶ姿勢。

Learn as you teach.

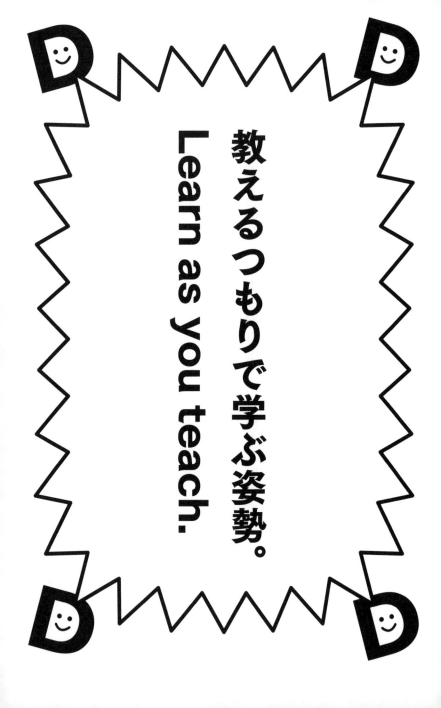

以前、プルデンシャル生命保険の営業所長に「ライフプランナーにならないか?」と声をかけていただいたことがあります。

ビジネススクールに通っていた時に「ソニー生命とプルデンシャル生命」というビジネスケースを読み、「ライフプラン」（人生設計）をする大切さを学びました。

将来のために「準備すれば準備する必要はない」という考えで、僕は22歳で結婚した時に保険の契約をしました。

ライフスタイルの変化があるたびに、アドバイスを受け準備しています。

プルデンシャル生命のトップセールスの方とも親しくさせていただきました。

志が高く、営業スキルもすごいので、とても興味を持ち、一度プルデンシャル生命保険のトップセールスの営業マンとしての心得を聞かせていただきました。

その時に印象に残ったことが2つありました。

D 自分のピークはいつか？

1つ目は「自分のピークはいつか？」という質問に対する答えです。

社会人になってこう聞かれると多くの人が、「高校の県大会に出場した時です」「大学の時、ラグビーで日本一になった時です」と応える。つまり、過去の成果をピークと認識している方も多いそうです。

プルデンシャルの方は、「ピークは過去ではなく『今』。そうでなければ、人生はつまらない。セールスも経営も自分磨きも、常に、ピークを求める活動をしていかなければならない」と話してくれました。

常に未来に成長を求める必要があると感じました。

あなたのピークはいつでしょうか？

D 全米トップセールスマンが実行する KASHの法則

印象に残っている2つ目は、KASH（キャッシュ）の法則です。

全米のトップセールスマンが活用している4つの法則です。

セールスにフォーカスされていますが、考え方はDDDDをする人生において、とても重要な役割を果たします。

この4つの要素がしっかりできていれば良い状況が作り出せます。

人から言われて行動するのではなく、常に意識するのがKASH。


「KASH」とは、現金のキャッシュと同じ発音で英単語の頭文字で言葉になっています。

Kは Knowledge（知識）

Aは Attitude（姿勢）

SはSkill（スキル）
HはHabit（習慣）

DDDDをするのであれば、戦略的に行動する必要があります。

KASHの法則は、あまり日本では知られていませんが、自分の人生を切り開くための要素が含まれています。

マザーテレサの格言ととても似ており、人生の重要なフレームワークだと思います。ちなみに、マザーテレサはつぎのようにいっています。

思考に気をつけなさい、それはいつか言葉になるから。言葉に気をつけなさい、それはいつか行動になるから。行動に気をつけなさい、それはいつか習慣になるから。習慣に気をつけなさい、それはいつか性格になるから。性格に気をつけなさい、それはいつか運命になるから。

では、KASHについて説明していきます。

D 1. Knowledge 知識は最低限のマナー

勉強して知識を身につけましょう。

行動をして知識を身につけましょう。

勉強をしているか、していないかは顔を見たらわかります。

本を読み、新しい知識を手に入れること、インプットはとても大切です。


どのような分野でも必ず一定の知識は必要になります。


何か仕事をするのであれば、まずしっかりその「分野の知識」を身につけることです。

その業界では当たり前のこと、過去の事例、現在進行していることをきちんと身につけましょう。チャレンジするのなら、勉強は不可欠です。

環境はたえず変化していきます。それに合わせて自分をアップデートしていくことが重要です。

学習すること、知識を身につけることは、仕事をしていくうえで、最低限必要です。

D 2. Attitude 態度

次は「態度」や「心構え」「姿勢」のこと。

明るく、元気よく、声が大きい態度の人は、周囲と良い関係を築けます。こうした「態度」は自分で作れます。

よい「態度」とは、不貞腐れた行動をしないことであり、一所懸命（一つ一つのことに全力で向かう）行動することです。

態度の原点は「思考」からきます。思考は、いずれ言葉になり、態度として現れます。

電車で泣く赤ちゃんを見かけたとき、普段から「子どもはさわがしい。きらいだ」と考えている人は、「うるせーな」と舌打ちをしたりします。普段から「子どもは社会の宝だ」

と考えている人は、「元気な赤ちゃんね」と微笑みを返せます。

3. Skill スキル・技術

知識と良い態度を身につけることで、スキルも上達します。

野球を例に考えてみましょう。

「知識」は、ルールを覚えること。

「態度」は、一生懸命全力でプレイをし、片付けをし、道具の手入れをすること。

知識と態度を掛け合わせることで、スキルも上達してきます。

ファインプレーや頭脳プレイは、知識や態度がともなっている必要があります。

D 4. Habit
習慣化が自分の人生を形作る
―行動を習慣化させる―

どのような「知識」や「態度」や「スキル」を身につけても、継続して「習慣化」させることができなければ、力になりません。

筋トレを「習慣化」してこそ、筋肉が作られます。

仕事でも、最初は慣れないことや、わからなくてストレスのかかる内容も「繰り返す」ことでやがて「習慣化」されていきます。

慣れるまでは違和感があり、辛い思いをするかも知れませんが、継続することでパワーアップした自分を作り出すことができます。行動が習慣化された時に実績や周りの信頼を勝ち取ることができるようになります。

間違った知識や態度を身につけてしまうと、真逆の方向にいきますので気をつけましょう。

ダメな態度や行動も「習慣化」されます。

「習慣化」されることで自分のキャラ・性格が確定していきます。そしてそれが自分のこれからの運命につながっていくのです。

習慣化できる状態にならなければ、自分のレベルアップにつながりません。

どんなに良い知識を身につけたとして、使わなければ宝の持ち腐れ。良いことの「習慣化」がポイントです。

あなたはどのようなことを習慣化していますか？

DDDDを習慣化しよう！

「人は死ぬ前に、自分のポテンシャルの亡霊が出る」という興味深い話を聞いたことがあります。

その亡霊は、

「お前にはいろいろなポテンシャルがあったんだよ。努力すれば俺が登場したのに。やばい状態になったら俺が登場したのに。チャレンジしていたらもっと最高に邁進できるサポートができたのに」

と言うそうです。

これは、**「世の中には、自分のポテンシャルを墓場まで持っていく人が多い」**ことを表しています。

チャレンジに失敗はつきものです。

失敗をしていない、イコール、チャレンジをしていないということです。

チャレンジし、厳しい状況に置かれてはじめて、今まで気づかなかった「自分の力」を目覚めさせることができます。

「自分の力」は、自分でしか目覚めさせることができません。

あなたは、何にチャレンジしますか?


「しっかりと知識とスキルを身につけ、未来のことがわからなくても、自分の人生に責任を持って、自分の命の続く限り情熱を持ち、習慣的に挑戦できる限り走り続けること」がDDDDの哲学だと僕は考えています。

KASHの法則を参考に自身をパワーアップさせて、チャレンジしよう!

DDDD!

第4章

「死」から
逃れられる
人はいない

「終わり」は必ずやってくる。

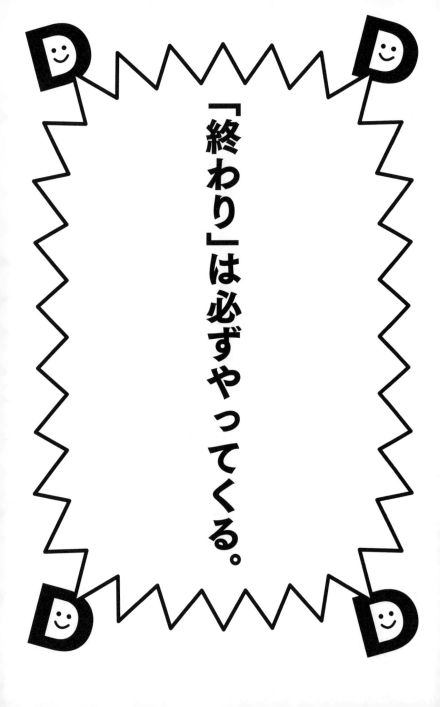

僕が「行動しよう」とメッセージを発信し続けているのは、

人生には「終わり」があるから。

ここでは、僕の人生でかけがえないと思う家族について、

それから、人生について、

僕が考えていることをお伝えします。

家族を持て。
人生の最大の力になる。

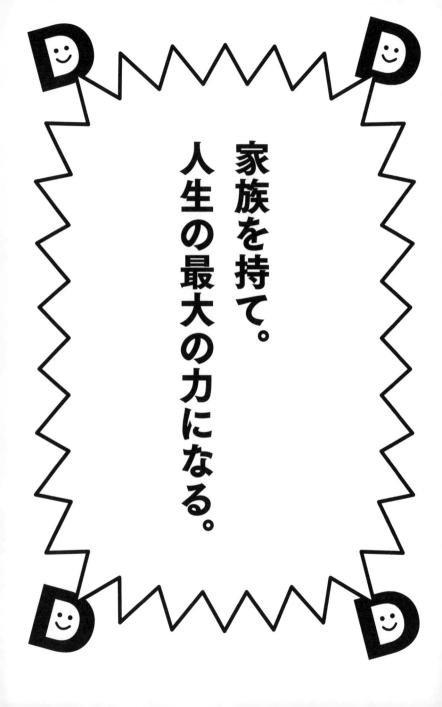

僕は22歳のときに結婚しました。

24歳のときに長男が生まれ、その後、27歳で次男、29歳で三男、34歳で長女と、４人の子どもに恵まれました。今は、それぞれ16歳、13歳、11歳、６歳になっています。

家庭も大事にしてきました。ワークライフバランスが大事だと思うからです。


ワークライフバランスとは、日本語でいうと**「仕事と生活の調和」**です。


社会人になると、どうしても「仕事」のことばかり優先して考えてしまいがちです。けれど、プライベートも考えることがすごく大事です。

結婚してもいいし、結婚しなくてもいい。子どもを持ってもいいし、持たなくてもいいと思います。ただ、どうしたいかは、ある程度、20代、30代のうちに考えたほうがいいでしょう。

女性の場合、子どもを産むとなると、その間、仕事を休むことになるので、特にそうです。仕事をするのか結婚するのか。子どもを産んでから仕事をするのか、仕事をある程度頑張ってから子どもを産むのか。あるいは、どんな家庭がほしいのか。いろんなバリエーションがあると思います。将来をある程度、イメージしたほうが、自分の欲しい将来が手に入りやすいのです。

僕自身は結婚をして妻と子どもを持ち、本当に良かったと思っています。

家族ができると自然とワークライフバランスがよくなります。僕にとってのワークライフバランスは、「仕事が家庭に、家庭が仕事に良い影響を与えて、両方のバランスが取れた状態」だと思っています。

仕事をすごく頑張れる理由は何か。僕にとっては家族です。

家族ができれば、養わなければいけないわけです。

結婚するのは自分にとってプレッシャーでした。

子どもが1人、2人、と生まれてくると、これもプレッシャーでした。

でも家族が6人いれば、楽しさは6倍になり、逆に苦しいことがあっても6分の1になります。そう実感しています。

もちろん、自分と合わない人と結婚するぐらいなら、やめたほうがいいですが、自分に合うと思える人を見つけたら、結婚してみるといいと思います。

子どもがいれば、塾も行くし、習い事もするし、学校にも行く。4人いますから、お金は相当かかります。僕は稼ぐしかない！（笑）

D 自分の人生をコントロールする方法

計画を立てることはもちろん大切です。

僕は24歳のときにざっくり次のような人生の計画を立てました。

20代は様々なことにチャレンジ。

30代はネットワークを作り、
40代はそれまでの体験を活用してビジネス展開。

漠然としていますが、**計画はざっくりでいい**。細かく立ててしまうと、一つが変わったときに、すべてを細かく変えていかなければならないからです。

ざっくりと計画を立て、それに向かってどう行動するかを考えるといいと思います。


現在、ほとんどが予定通りになっています。子どもはうれしいことに、予定より1人増えて4人です。


「結婚して子どもが4人? それは、大変でしょ?」と聞かれることがあります。

私にとっては、逆に仕事をする原動力になっています。

ピンチのときに、あと一歩踏ん張れるのは、家族がいるからです。

結婚していなかったら、こんなに頑張れなかったかもしれません。子どもたちがいなかったら、今のようにはなれなかったでしょう。

家庭は力の源になります。少なくとも私にとってはそうです。

子どもを作る前には、あれこれ心配かもしれませんが、案ずるより産むがやすしといわれるように、意外とどうにかなるものです。

もちろん、それは個人の考え方によります。50歳独身で彼女がいる、という友人もいます。彼はそれでとても幸せそうです。

要は自分が幸せかどうかだと思います。

44歳でヤフーの社長に就任、その後会長を経て退職、現在東京都参与を務める**宮坂学さん**は、お会いしたときに、**「〝株式会社俺〟という意識を常に持っている」**と言い、次のような説明をしてくださいました。

いくら仕事で成果を出したとしても、家庭崩壊してしまっては良くないし、トータルで幸せにならなければと思っていました。

仕事は重要ですが、それ以外にも、家族や趣味など大切なことがあります。

〝株式会社俺〟という意識を持って、自分にとっての幸せが最大限になるように、自分自身の経営者になる。〝株式会社俺〟には、会社事業部、家族事業部、アウトドア事業部があって、その評価は、幸せの度合いで決まる。

この考え方に私は非常に共感しました。

仕事がうまくいくと同時に、趣味を楽しみ、家族が幸せであることが望みです。

みなさんも、自分にとっての幸せとは何かを考えながら、趣味や家庭も含めたキャリアプランを立てることをお勧めします。

D 家庭に信用の貯金をしておく

私は何よりも家族を大切にしています。

家族が応援してくれないと、仕事への力がフルに発揮できないからです。

ただ、仕事と家族の行事が重なった場合は、仕事を優先します。仕事をしていれば、子どもと映画を観る約束をしていても、急遽、打ち合わせに出かけなければならない、という状況も出てくるわけです。

「パパはすぐに予定が変わる」と怒られます。けれども、時間が取れるときには、子どもと過ごすようにします。幼稚園や学校の行事にもできるだけ出ます。信用の貯金をしているのです。だから、いざというときに、家族に納得してもらえます。

もうひとつ大切にしているのは、**「ありがとう」「ごめんなさい」「大好きだよ」**と家族に言うこと。いくら、心で思っていても通じません。基本的にテレパシーはないと思ったほうがいいでしょう。

それから、午前3時まで飲んでいようと、仕事をしていようと、朝は定時に起きて、朝ご飯を食べて、子どもを幼稚園に送りに行き、ジムに行けるときは行って、それから仕事に行きます。

寝る時間は毎日違いますが、**朝起きる時間を一定にする**と、生活のリズムがきちんとできます。

今日という1日は、
宇宙の中で1日しかない。

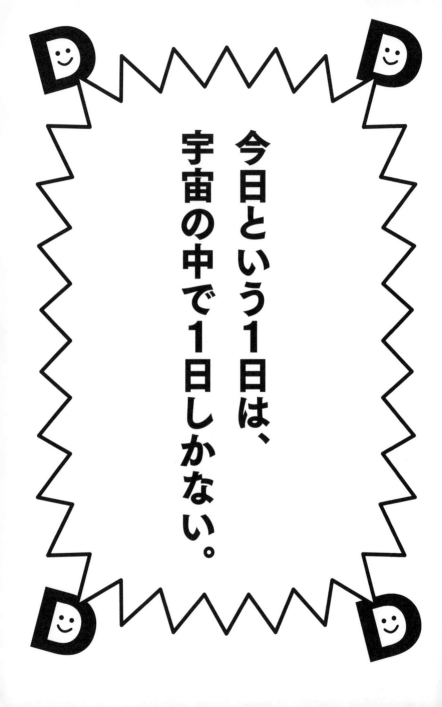

高校時代、さまざまなアルバイトをしましたが、特に印象に残っているのは、魚屋のアルバイト。店先で魚を売る仕事です。

ある日、店長がタラバガニをたくさん仕入れてきました。「7000円」と値札をつけましたが、「4000円までは値引きして売っていいよ」と言われました。ほかのアルバイトは、4000円くらいで売るのですが、僕は5000円でどんどん売りました。

僕は、昔から声が大きくて、元気だけは誰にも負けなかった。その店でも一番声が大きいのは僕だったから、目立って買ってくれたのでしょう。

この魚屋でアルバイトをしていたときに、**僕の人生に転機をもたらす重大な出来事**が起こりました。

アワビのパッキング作業をしていたときのことです。アワビをプラスチックのトレーに並べて、ラップでパッキングするのですが、機械が故障して中身がつぶれてしまいました。

僕は、その日は朝から何も食べずに働いていたので、捨てるのはもったいないと思い、パートの方に食べてもよいか聞いて、そのアワビを一口で食べました。

僕の体に異変が起きたのは、その数分後のことです。

突然、咳が止まらなくなり、顔がどんどん膨れ上がり、目は真っ赤に充血しました。熱が上がり、意識は朦朧としていました。

なんとか帰宅したものの、症状は悪化するばかり。家族が救急車を呼んでくれましたが、救急搬送中の車内では全身に力が入らず、自分では体を動かせなくなっていました。

病院での診断は、アワビによるアレルギー反応、**アナフィラキシーショック**。

ただちに胃の洗浄が始まり、何とか一命をとりとめました。僕はたった1日で6kgも痩せました。

あとから聞いた話では、あと2時間病院への到着が遅れていたら、死んでいただろうとのことでした。

入院しているときに、ある話を思い出しました。

ニューヨークに住んでいた小学6年生のとき、タレントの故**永六輔さん**が講演に来て話してくれたエピソードです。永さんは毎朝次のように言っていたそうです。

今日は○○○○年○月○日だ。○○○○年○月○日は、この広い宇宙の中で一日しかない。今日の日を一生懸命に生きよう。

話を聞いたときには、「うわ、『今日』という日は、人生で1日しかないんだ」とぼんやり考えていました。

でも、アワビで死にそこなったときには、**「まだ死にたくない」と強く思い、一日一日の大切さを骨身にしみて感じる**ようになりました。

そして、**一日一日をちゃんと生きよう**と努めてきました。

今日という日は一日しかないと意識して、どれだけきちんと生きられるかが、人と自分の力の差になっていくのです。

死ぬことだけは、
皆、決まっている。

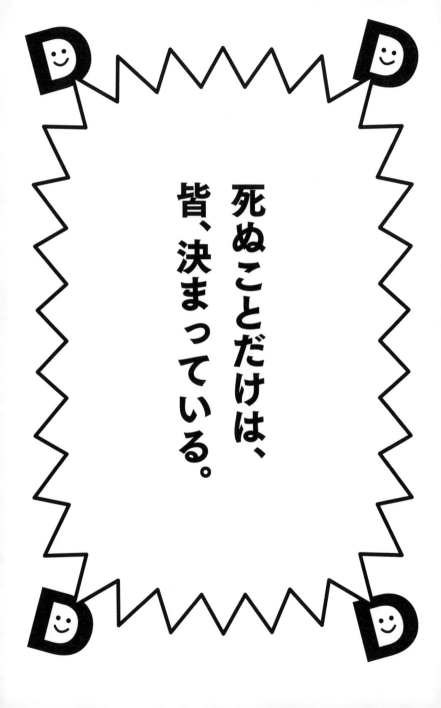

前にもご紹介した住職の甘利直義先生から、こう言われたこともあります。

皆さんに保証されてることは一つしかありません。死ぬっていうことです。皆さんは、成功するかどうかはわからない。皆さんは、結婚するかどうかわからない。皆さんは、彼や彼女ができるかどうかはわからない。その保証は僕にはできない。けれど、唯一保証できることがあります。

それは、『人は必ず死ぬ』っていうことです。

『医師が教える幸福な死に方』（角川SSC新書）『人生最期の日に笑顔でいるために今日できること』（イースト・プレス）の著者で医師の**川嶋朗さん**は、僕がインタビューしたときに、こんなことを言っていました。

僕は今のところ、69歳で死ぬつもりです。（中略）

でも、それまでには人生における後悔が最小限になっていることが条件です。死の期限を設定しておくと、健康を保とうとしますし、死ぬまでにやるべきこと、やりたいこと、や

れることが明確になります。

また、死に至るような病気になったとしても、素直に受け入れられるでしょう。健康と死をすべて医者に任せるのではなく、自分で考えて管理することは、医療費の削減に加え、クオリティ・オブ・ライフ（ＱＯＬ）の向上にもつながると思います。

なるほど、と思いました。

人間、いつかは必ず死ぬ。それは、いつかはわからない。

けれど、**自分で期限を設定して、限られた時間で何ができるか、どう行動するか考えていくと、残りの人生が濃密に過ごせます。**

期限を設定するといっても、その日が来たら自殺する、ということではないですよ、もちろん。

漠然と生きるよりも、**自分の寿命はあと30年かもしれない**、と仮設を立て、そこから逆算して人生を組み立てるほうが、より充実した人生を送れる、ということです。

僕は今40歳です。

現代は、人生100年の時代と言われますので、まだ人生の折り返しにも行っていません。

あと60年人生があるとするなら、いろんなビジネスにチャレンジしていきたい。

ときには、失敗したとしても、また立ち上がって、ずっと仕事をしていきたいと思っています。

人間には定命《じょうみょう》がある。

アメリカで育ち、日本の文化をほとんど知らなかった僕に、仏教の死生観を教えてくれたのは、これまでもたびたびご紹介した一行山弘願院専修寺住職の**甘利直義先生**です。長男が専修寺の運営する専修幼稚園に入園したときから大変お世話になっています。甘利住職は、『私の哲学』で次のような話をしてくれました。

人にはそれぞれ定命《じょうみょう》がある。定命は、生まれる前から決まっている寿命のこと。100歳で亡くなる方も、若くして亡くなる方もいるけれど、定命とは、前世の因縁によって定まる人の寿命のことです。

もちろん、前世の因果ですべてが決まるわけではなく、前世の因果と今世の原因が合わさって定命が決まります。

毎日の生活には、良いこともあれば悪いこともある。思い通りにいかないこともあるでしょう。でも、考えてみてください。人は一人で生まれてくることはできません。自分がこの世に生まれたことは、本当にすごいことなのです。

この話を聞いて、僕は、18歳のときアナフィラキシーショックで死に損なったことを思い出しました。

あのとき、退院したあとに、僕は母に、

「やばい、もしかしたら、俺、死んでたかもしれないんだ」と落ち込みながら話しました。

母は、笑いながら
「大輔は、死ななかったじゃない」と言ってくれました。

そう、僕は死ななかったんです。18歳で死ぬ運命ではなかった。もっと長生きする定めだったんです。自分には、生きる時間がもっと与えられた。

いつ命が尽きるかはわからない。けれど、とりあえずは「生きろ」

ということか。

そんな風にとらえ、真剣に生きよう、真剣に生きるってどういうことだろうと考えるようになりました。


甘利住職はもうひとつこんな話もしてくれました。

皆さんには、必ずご両親がいらっしゃいます。そのご両親にもそれぞれにお父さんとお

母さんがいます。お祖父さんお祖母さんにも。10代遡ると、どのくらいの人数になると思いますか？　１０２４人です。20代遡ると１０４万８５７６人。そのうちのどなたか一人でも居なければ、自分は存在しない。それだけの大切な命のつながりがあって、今の自分があるのです。ですから、この〝今〟という瞬間、時間、時代、場所に生きているのは奇跡的なすごいことなのです。このように、人として生まれてくるのは当たり前のことではなく、非常に難しく、貴重で有り難いことであり、そのことを私たちは認識しなければいけません。

そして、印象に残っているのは四苦八苦の話。

〝四苦八苦〟という言葉があります。４つの苦とは別に８つの苦があるという意味に間違えられることが多いですが、４つと４つ、両方合わせて四苦八苦という意味です。最初の四苦は、生まれてくる苦しみ、生苦。歳をとる老苦。病気になる病苦。最後は死。死苦です。

死はどなたにも必ず巡ってくるもので、生まれた以上避けられません。

最近、〝終活〟という言葉をよく耳にしますが、人は誰でも必ず亡くなるわけですから、死ぬことにとらわれ過ぎると、誤った生き方をする危険があります。

今から3500年ほど前、実在の人物であるインド・シャカ族のシッダルタ王子（後の釈迦）が、4つの苦からどうしたら逃れられるのかを探求する旅に出ました。

結局お釈迦様がお気づきになられたのは、そういうものからは逃れられないということでした。これが仏教の始まりです。

あとの4つは、愛別離苦（あいべつりく）、怨憎会苦（おんぞうえく）、求不得苦（ぐふとっく）、五蘊盛苦（ごうんじょうく）です。

愛別離苦は、愛する人と別れる、離れなければならない苦しみ。怨憎会苦は、嫌な人にも、憎らしい人にも会わなければならない苦しみ。どうしても手に入れたいけれど手に入らない。求めても自分のものにならない苦しみが、求不得苦。五蘊盛苦は、肉体と精神が思うようにならない苦しみのことです。生老病死と合わせた8つに苦しんでいる状態を、「四苦八苦している」と言います。

人はこれらから逃れることはできません。

四苦八苦で人間の苦しみを知ることができ、それらの苦しみと一緒に生きていく必要があると感じました。

「定命」という新しい考え方を学び、死が保証されているのであれば、死ぬまで毎日全力で、明るく、楽しく、仲良く、前向きに生きていこうと思いました。

旅に出よう！
船は君が乗るのを
待っている。

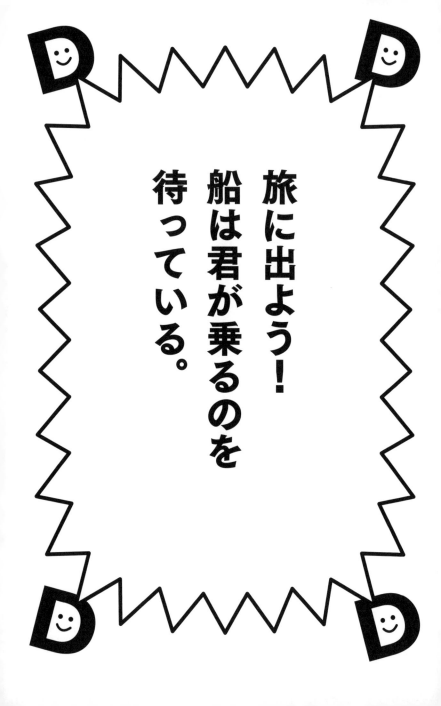

繰り返しになりますが、僕は『私の哲学』というインタビューを10年以上続けてきました。自分が会いたいと思う企業のトップや、アーティストにアポイントを入れて、会っていただきました。彼らは、全員、1人の例外もなく、**Ｄｏ君＝行動する人**たちでした。しかも、とびきりアクティブなＤｏ君たちです。

彼らはみんな、この本でお伝えした**「6つの力」**を持っていました。

さらに僕は、彼らの中に**3つの共通点**を見出しました。

D 挑戦し続けていると、ずっと元気でいられる

1つ目は、みんな**「挑戦し続けている大人」である**ということ。

子どものときはみな元気です。僕の子どもたちもそうでした。

遊びに連れて行けば、朝から晩まで走り回って、夜になると電池切れになって眠る。けれど、翌朝はまた元気に遊ぶ。

でも、大人たちは違います。電車に乗れば、朝から眠りこけているビジネスパーソンをよく見かけます。私の会社は違いますが、出社した社員に声を掛けても、なぜか元気がなくて、挨拶をしても返ってくる声が小さい、とよく聞きます。

ところが、**私がお目にかかった100人近い方々は、全員が元気で、エネルギーにあふれていました。**

60歳、70歳という年配の方が、会社を定年退職したあとに、新しいことにチャレンジして、マスコミにこんなふうに取り上げられることがあります。

「60歳からギターの練習に挑戦するなんてスゴイ!」

「リタイア後に、英語を勉強して海外移住するなんてスゴイ!」

もちろん、すごいと思います。

ですが、僕が『私の哲学』でお会いした年配の方々は少し違います。

年を取ってから挑戦し始めたのではなく、若い頃から新しいことにどんどん挑戦し続けてきた方ばかりです。

たまたま、そういう方が年を取っただけなのです。

やり続けているからエネルギーが高い。話をうかがっていると、こちらが熱くなるくらい元気が伝わってきます。

その秘訣は**「新しいこと」に挑戦し続ける**ことです。

ＪＡＬを再建した実業家の**稲盛和夫さん**は、**自分の立場が高くなると、新しい分野に入っていかない限り、新しい知識は得られない**、と言っています。

以前テレビ番組で、稲盛さんが茶道を習うシーンを見ましたが、初心者として教えてもらっている姿勢が印象的でした。大会社の社長であっても、自分が全く知らない茶の湯の世界に足を踏み入れれば、そこではぺーぺー、つまり下っ端になります。

下にいるからこそ、いろんなことを教わって成長できるし、新しい知識がどんどん入ってくるから、自分がパワーアップされる。やりたいことが見つかったら、年齢に関係なくどんどん挑戦することで、元気でいられる。

彼らを見習い、僕も80歳になっても何か新しくて面白いことに挑戦し続けていたいです。

「そういうけど、失敗したらどうするの？」

そんな声が聞こえてきそうです。いいんですよ、失敗。すばらしい！

なぜなら、それはチャレンジした勲章だから。

D ネガティブな出来事をポジティブに捉える習慣を身につける

僕がインタビューしてきたＤｏ君たちの2つめの共通点は**「遊び心」がある**こと。

人生を楽しんでいるということです。

どうすれば、人生を楽しめるか。不確実でネガティブなものに集中するのを辞めること。「もしも」よりも「どのように」に集中することです。

僕の辞書には **I would have, I could have, I should have** はありません。

日本語にすると、**「しておけばよかった」「することもできた」「しようと思えばできた」**という意味。

「もしもこうなったら」と考えるよりも、「どのようにそれをやろうか」と考えましょう。ポジティブな行動につながることにフォーカスすれば、人生はどんどん楽しくなっていきます。

たとえば、こんなときは、次のように考えてみてください。

・人差し指と親指を軽く火傷した。

↓プロ野球の投手じゃなくてよかった。だってボールが投げられないじゃないか。

・風邪をひいて喉がやられた。
↓歌手じゃなくてよかった。歌手だったら、コンサートを中止にしなければならない。
・めちゃくちゃ忙しい。
↓ちょっと待てよ。嵐のメンバーだったらもっと忙しいはずだ。
・財布を落とした。
↓拾った人がお金をパァーッと使ってくれて、幸せな気持ちになってくれればいいか。

何ごとも、どう意味付けするかです。ネガティブをポジティブにとらえることが習慣になると、毎日が本当に楽しくなりますよ。

D 自分の旅に出よう

3つ目の共通点は、**「旅をして見識を高めている」**ことです。

同じ場所にいるのではなくて、新しいものを見に行く。新しい場所に行く。自分が今いる快適なゾーンから出ることを常に心がけています。

建築家の**隈研吾さん**も次のようにおっしゃっていました。

若者にはぜひ旅行をしてほしいですね。友だちと一緒に世界の建築を見に行く旅です。「俺はこれがかっこいいと思う」、「俺は嫌いだ」などと、いろいろな価値観を持った人間同士で議論しながら旅をする。そうすると、まったく興味がなかったけれど、この部分は意外と面白いかもしれないといった新たな発見があります。雑誌をペラペラめくったり、ネットで写真や動画を見たりするだけではだめ。直接足を運ばないと。僕自身、幾度となく

仲間と旅行しましたが、そこで喧嘩しながら議論したことが、今の僕の血や肉になっています。

皆さんも、今いる場所は、快適で、そこを離れたくないかもしれません。

でも、実際に足を運んでみると、わかることってものすごくたくさんあります。

どれだけ、ヴァーチャルリアリティの技術が進歩したとしても、実際に行くのとは、雲泥の差があると思います。

何倍もの、刺激、情報を得られると思います。

ぜひ、みんなには、行動をしてDo君になってほしいと思っています。

飛行機も、列車も、船も、君が乗るのを待っています。

ぜひ、旅に出てください。

行動した理由は、後からついてきます。

そう、今すぐに。

おわりに

最後までDDDDをお読みいただきありがとうございました。

少しでも「行動しようかな?」と思っていただけたら嬉しいです。

ただ、最初にも書きましたが、「動きたい」と「動いた」はとっても差があります。

実際に行動に移していただけたらいいなと思います。


行動すると、いろんな「サプライズ」が起きます。

「良いこと」も「悪いこと」も、です。

「DDD」はすなわち、将来の自分への種まきだからです。

サプライズが起きたあと、どう次のアクションを取るかによって結果が変わってきます。

何が起きても「打つ手は無限大」と考えて、知恵を絞って行動してみてください。

僕は19歳で起業し、39歳まで20年間、ずっと行動し続けてきました。ある期間を除いて。ある期間とは、この本の執筆中のこと。疲労で倒れ、半年ほど、それまでとは真逆の「行動できない自分」になってしまいました。

すべてのことをマイナスに考え、毎日、取り越し苦労をし、無駄なエネルギーを放出していました。疲労と、40歳前後に起こりがちな体の変化もあったのだと思います。

そんな時、**僕を励ましてくれたのは、ほかでもない、書きかけのこの「DDDD」の本**でした。繰り返し読むうちに、元どおり元気になりました。

読んでくださった方にも何らかのきっかけになればと、勝手ながら思っています（笑）。

またその時期に先輩の株式会社ビズリーチ 代表取締役社長 **南壮一郎さん**から、「巷の噂で、元気がないとお聞きしました…、〝人間万事塞翁《さいおう》が馬〟いい時も、微妙な時も、笑顔でいきましょう」とメッセージをいただき、またやる気が起きました（〝人間万事塞翁《さいおう》が馬〟とは、人生における幸不幸は予測しがたいということ。幸せが不幸に、不幸が幸せにいつ転じるかわからないのだから、安易に喜んだり悲しんだりするべきではないというたとえです）。まさにDDDDをすると色々なことが起きますが、何事も捉え方で変わることを再確認しました。

「考えている」よりも「行動」を起こした方がいい。

行動の頻度と量を増やすことでまた新たな奇跡を起こそう。

そう、思い始めました。

「元気があればなんでもできる」というアントニオ猪木さんの言葉はよく知られていますが、元気にプラスして「勇気」があれば、奇跡を起こすことができます。

今の日本に足りないのは「勇気」です。勇気は伝染します。

Dをするための最初の一歩は大変かもしれませんが、DDと続けること、DDDと続けること、DDDDと続けることで、やがて**DDDDDDDDDDDDDDDDDDDDDDDDDDDDDDDDDDDDDDDDDDDDDDDD**となります。

営業の鉄則は、ドアをノックし続けることだと言います。

ドアをノックして断られたら、すぐに次のドアに向かうことです。

Dの「頻度」と「量」によって、必ず面白いことが起きます。

感謝の気持ち

さかのぼると、「大輔くん、今度オーストラリアの関係者とゴルフコンペがあるけどこない？」と先輩が声をかけてくださり、「イエス」で参加したのがきっかけです。

一緒にラウンドしたのが、本書の企画協力をしてくださった株式会社H＆Sの岩谷洋昌さんでした。ゴルフは一緒に過ごす時間が長く、岩谷さんとラウンド中にいろんな話をしました。その中で、DDDDの話もさせていただきました。

「DDDD、面白いですね」と自由国民社の竹内尚志編集局長を紹介してくださり、本書が生まれることになりました。竹内編集長と何度も話し合い、Do君が誕生しました。またより多くの方に読んでもらうため、読みやすいレイアウトやデザインの提案を数々していただき、最高な本が仕上がりました。

編集協力をしてくださった小川真理子さんは、処女作の『行動する勇気』（フォレスト出版）も担当をしてくださり、DDDD執筆の最中に再会し、また依頼させていただくことになりました。

岩谷洋昌さん、竹内尚志さん、小川真理子さん、内容についてアイディア出し、わかりやすい表現や伝え方のアドバイスをありがとうございました。

「ゴルフをやっていなかったら?」「ゴルフに参加しなかったら?」「岩谷洋昌さんと一緒の組にならなかったら?」どうだったのか。

すべてにおいて、「実際に行動してきた」からカタチになりました。

大切なのは、「イエス」と「勇気」と「DDDD」の3つです。

「イエス」と言って、勇気を出して、DDDD(=行動)する。

それによって、これまでも「奇跡」が起きてきたし、きっとこれからも「奇跡」を起こすと思います。行動しなければ何も起きません。行動すれば何か起きます。

奇跡は自分で起こせ、です。

このDDDDの本があなたの背中をプッシュするきっかけになれば、これほど嬉しいことはありません。

「人生は一瞬」です。最大限に自分の可能性を引き出して最高な毎日を過ごしてください。

杉山 大輔

参考文献

『影響力の武器　なぜ、人は動かされるのか』（誠信書房）ロバート・B・チャルディーニ 著
社会行動研究会 翻訳
『信念の魔術』（ダイヤモンド社）C・M・ブリストル 著　大原 武夫 翻訳
『思考は現実化する』（きこ書房）ナポレオン・ヒル 著
『地道力』（扶桑社）國分利治 著
『医師が教える幸福な死に方』（角川SSC新書）川嶋朗 著
『人生最期の日に笑顔でいるために今日できること』（イースト・プレス）川嶋朗 著

『私の哲学』引用記事一覧　※肩書などは、インタビュー実施当時のものです。

第 2 回　阿川尚之　慶應義塾大学　教授
http://www.interliteracy.com/philosophy/agawa_n.html
第 4 回　松田公太　タリーズコーヒーインターナショナル会長
http://www.interliteracy.com/philosophy/matsuda_k.html
第 5 回　フミ・ササダ　株式会社ブラビス・インターナショナル代表取締役社長
http://www.interliteracy.com/philosophy/sasada_f.html
第 12 回　加藤寛　　経済学者
http://www.interliteracy.com/philosophy/kato_h.html
第 20 回　立石文雄　オムロン株式会社　取締役会長
http://www.interliteracy.com/philosophy/tateishi_f.html
第 24 回　佐渡島庸平　株式会社コルク 代表取締役社長
http://www.interliteracy.com/philosophy/sadoshima_y.html
第 26 回　宮坂学　ヤフー株式会社 代表取締役社長
http://www.interliteracy.com/philosophy/miyasaka_m.html
第 33 回　菊間千乃　弁護士
http://www.interliteracy.com/philosophy/kikuma_y.html
第 36 回　三浦雄一郎　登山家、クラーク記念国際高等学校校長
http://www.interliteracy.com/philosophy/miura_y.html
第 37 回　辻秀一　スポーツドクター
株式会社エミネクロス代表 http://www.interliteracy.com/philosophy/tsuji_s.html
第 42 回　吉田潤喜　ヨシダグループ会長兼 CEO　ヨシダソース創業者
http://www.interliteracy.com/philosophy/yoshida_j.html
第 45 回　國分利治　株式会社アースホールディングス 代表取締役
http://www.interliteracy.com/philosophy/kokubun_t.html
第 48 回　甘利直義　一行山専修寺住職　専修幼稚園園長
http://www.interliteracy.com/philosophy/amari_n.html
第 50 回　ドン小西　ファッションデザイナー、名古屋学芸大学客員教授
http://www.interliteracy.com/philosophy/konishi_d.html
第 53 回　大倉忠司　株式会社鳥貴族 代表取締役社長
http://www.interliteracy.com/philosophy/ookura_t.html
第 54 回　滝富夫　タキヒヨー株式会社名誉顧問、学校法人滝学園 理事長、MIKIMOTO（America）取締役
http://www.interliteracy.com/philosophy/taki_t.html
第 56 回　隈研吾　建築家
http://www.interliteracy.com/philosophy/kuma_k.html
第 74 回　青木功　プロゴルファー、一般社団法人日本ゴルフツアー機構 会長
http://www.interliteracy.com/philosophy/aoki_i.html
第 79 回　井上慎一　Peach Aviation 株式会社　代表取締役 CEO
http://www.interliteracy.com/philosophy/inoue_s.html
第 80 回　林成治　カーコンビニ倶楽部株式会社　代表取締役社長
http://www.interliteracy.com/philosophy/hayashi_s.html
第 82 回　川嶋朗　医師、医学博士、東京有明医療大学保健医療学部鍼灸学科 教授
http://www.interliteracy.com/philosophy/kawashima_a.html
第 83 回　草野直樹　株式会社花研代表取締役｜東京豚骨拉麺ばんから
創業者 http://www.interliteracy.com/philosophy/kusano_n.html
第 93 回　千住博　日本画家、京都造形芸術大学大学院教授
http://www.interliteracy.com/philosophy/senju_h.html

Good Luck!

DDDD

杉山大輔（すぎやま・だいすけ）

ビジネスプロデューサー／『私の哲学』編集長・インタビュアー
株式会社インターリテラシー 代表取締役ファウンダー・CEO
株式会社ジールアソシエイツ エグゼクティブプロデューサー

1979年東京都生まれ、ニューヨーク育ち。2002年慶應義塾大学総合政策学部卒業。2004年慶應義塾大学大学院経営管理研究科修了（MBA取得）。
1999年大学1年次に教育コンサルティング会社を立ち上げる。2007年コミュニケーション問題の解決をはかる株式会社インターリテラシーを設立。2014年クオンタムリープ株式会社執行役社長として活動。『行動する勇気』（フォレスト出版）、『運を動かせ』（ディスカヴァー・トゥエンティワン）『脱米論』（財）公共政策調査会主催、読売新聞社後援「21世紀においてあるべきわが国のかたちをいかに考えるか」優秀賞受賞。『守破離』日本貿易会主催「ジャパンブランドの可能性」第2回日本貿易会賞優秀賞受賞。ベンチャー経営歴20年。3男1女、4人の子どもの父親。東京マラソン、那覇マラソン、ホノルルマラソン完走。伊豆大島観光特派員。英検1級。Oxford Teacher Training Program 修了。

企画協力

岩谷 洋昌（H&S株式会社）

編集協力

小川 真理子

D《ドゥ》D《ドゥ》D《ドゥ》D《ドゥ》「行動」だけが奇跡を起こす

二〇一九年（令和元年）十月十五日　初版第一刷発行

著　者　杉山 大輔
発行者　伊藤 滋
発行所　株式会社自由国民社
東京都豊島区高田三―一〇―一一　〒一七一―〇〇三三
電話〇三―六二三三―〇七八一（代表）
造　本　JK
印刷所　大日本印刷株式会社
製本所　新風製本株式会社